Ricardo Bruschini

Aumente o seu Vocabulário
em inglês

PREFIXOS E SUFIXOS

© 2012 Ricardo Bruschini

Preparação de texto: Larissa Lino Barbosa / Verba Editorial

Assistente editorial: Aline Naomi Sassaki

Capa, Projeto gráfico e Diagramação: Patricia Tagnin / Milxtor Design Editorial

Dados Internacionais de Catalogação na Publicação (CIP)
(Câmara Brasileira do Livro, SP, Brasil)

Bruschini, Ricardo
  Aumente o seu vocabulário em inglês: prefixos e sufixos / Ricardo Bruschini. -- São Paulo: DISAL, 2012.

  Bibliografia.
  ISBN 978-85-7844-111-1

  1. Inglês - Vocabulários, glossários etc. - Português I. Título.

12-07505   CDD-423.69

Índices para catálogo sistemático:

1. Inglês-português: Vocabulários: Linguística   423.69

Todos os direitos reservados em nome de:
Bantim, Canato e Guazzelli Editora Ltda.

Alameda Mamoré 911 – cj. 107
Alphaville – BARUERI – SP
CEP: 06454-040
Tel. / Fax: (11) 4195-2811
Visite nosso site: **www.disaleditora.com.br**
Televendas: (11) 3226-3111

Fax gratuito: 0800 7707 105/106
E-mail para pedidos: **comercialdisal@disal.com.br**

Nenhuma parte desta publicação pode ser reproduzida, arquivada ou transmitida de nenhuma forma ou meio sem permissão expressa e por escrito da Editora.

Sumário

Apresentação _____ **5**

Prefixos _____ **7**

A	11
DIS	13
EN	15
IN	17
MIS	19
OVER	21
RE	23
SELF	25
UN	27
UNDER	29
WELL	31
Prefixos com sentidos negativos ou opostos	33

Sufixos _____ **35**

ABLE	39
AGE	41
AL	43
ANT	45
ATE	47
ATION	49
ED	51
EE	53
EN	55
ENCE	57
ER	59
ERY	61
ESS	63
EST	65
FUL	65
IAN	67

IBLE	69
IC	71
IFY	73
ING	75
ISH	77
ISM	79
IST	81
ITION	83
ITY	85
IVE	87
IZE	89
LESS	91
LY	93
MENT	95
NESS	97
OLOGY	99
OR	99
ORY	101
OUS	103
SHIP	105
Y	107

Exercícios com prefixos e sufixos **111**

Prefixos e sufixos na mesma palavra **115**

Apêndice **119**

Palavras com **6** derivativos 119
Palavras com **5** derivativos 119
Palavras com **4** derivativos 120
Palavras com **3** derivativos 122
Palavras com **2** derivativos 126
Palavras com **1** derivativo 130

Respostas dos exercícios **131**

Índice Remissivo **139**

Apresentação

Prefixos e sufixos são muito importantes para as pessoas que pretendem alavancar o vocabulário da língua inglesa. Muitas palavras, mesmo quando não nos damos conta, têm prefixos e sufixos. Uma vez entendido o que eles significam, ao nos deparamos com eles, fica muito mais fácil entender o que as combinações querem dizer.

Vejamos um exemplo: a palavra act. A partir dela, podemos formar várias outras com o acréscimo de sufixos, tais como: act**ing**, act**ion**, act**ivate**, act**ivation**, act**ivity**, act**ive**, act**ively**, act**ivism**, act**ivist**, act**or** e act**ress**. Já as palavras **in**active e **in**activity são formadas também pelo prefixo -**in**.

Nos tópicos, será explicado com mais detalhes o que são prefixos e sufixos. Nem todas as palavras permitem a formação de tantas outras como no exemplo apresentado.

Neste livro, mostro alguns prefixos e sufixos e seus significados. Após cada prefixo e cada sufixo, apresento exercícios, para que o leitor grave com mais facilidade o significado das novas palavras. No final do livro há mais três seções com exercícios para praticar o aprendizado.

Muitos prefixos e sufixos não foram incluídos como exercícios por não terem tantas palavras derivadas. De qualquer modo, eles estão relacionados em duas tabelas. Outros tantos, bem menos comuns, não foram mencionados.

Este livro com certeza irá ajudá-lo muito. Mas como incrementar seu vocabulário depois que terminar o livro? LENDO! Leitura é fundamental. Mesmo que você não pare todo o tempo para checar o significado das palavras, alguma coisa ficará registrada no seu cérebro. E algum dia, numa conversa, essas palavras aparecerão sem que você se dê conta. Portanto, não subestime a importância da leitura.

Procure não ler temas muito complicados. Leia assuntos menos complexos e que realmente sejam de seu interesse. E por que não assinar uma revista que trata de assuntos que você gosta de ler? Por exemplo, música, arquitetura, viagem, surfe, ou mesmo moda. Faça sua escolha.

Apresentação

Se você gosta de ouvir música, use e abuse das letras. Escolha músicas do seu agrado e tente transcrever a letra. Depois de tentar, caso não tenha conseguido entender tudo, então, e só então, pegue a letra na Internet. E certifique-se de ter entendido o significado de todas as palavras.

Como diz o ditado: "No pain, no gain". Faça a sua parte. É muito importante sua dedicação. Procure levar muito a sério os exercícios. Não os encare como uma tarefa árdua a ser executada. Pense apenas nos bons resultados que serão alcançados. Mãos à obra!

Prefixos

Para definirmos o que são prefixos, vamos entender primeiramente o que são afixos. Eles são elementos adicionados a radicais para formar novas palavras. Eles mudam o sentido das palavras e podem também mudar a classe gramatical delas. Por exemplo, o substantivo *slave* [escravo] quando tem acrescentado o afixo *en* passa a ser o verbo *enslave* [escravizar].

Afixos podem aparecer antes ou depois do radical. Quando aparece antes, temos o que se chama de prefixo. Aparecendo no final do radical, levam o nome de sufixo. Vale lembrar que algumas palavras podem ter sufixos e prefixos ao mesmo tempo. Veremos isso mais adiante. Veja agora o que acontece com a palavra *pronounce* quando acrescentamos afixos.

pronounce – **mis**pronounce = afixo chamado de prefixo

pronounce – pronunci**ation** = afixo chamado de sufixo

Como estamos nos referindo a prefixos nesta parte do livro, vamos ver mais alguns exemplos de palavras com prefixos.

part – **a**part

honest – **dis**honest

able – **en**able

considerate – **in**considerate

place – **mis**place

sleep – **over**sleep

consider – **re**consider

portrait – **self**-portrait

said – **un**said

water – **under**water

paid – **well**-paid

LISTA COM ALGUNS PREFIXOS

ANTI	**anti**social **anti**hero **anti**nuclear **anti**drug
BI	**bi**annual **bi**centennial **bi**lateral **bi**lingual **bi**plane

Aumente o seu vocabulário em inglês

CO	**co**pilot **co**operate **co**education **co**existence
COUNTER	**counter**culture **counter**espionage **counter**offensive
DE	**de**frost **de**regulation **de**generate **de**compose
DIS	**dis**appear **dis**charge **dis**cover **dis**like **dis**regard
EN	**en**able **en**courage **en**danger **en**large **en**sure
EX	**ex**-fiancée **ex**-husband **ex**-president **ex**-wife
IL	**il**legal **il**legible **il**licit **il**literate **il**logical
IM	**im**mortal **im**polite **im**possible **im**mature **im**potent
IN	**in**accurate **in**delicate **in**formal **in**sincere
INTER	**inter**departmental **inter**national **inter**continental
IR	**ir**regular **ir**relevant **ir**responsible
MAL	**mal**adjusted **mal**function **mal**practice **mal**treat
MEGA	**mega**phone **mega**star **mega**store
MIS	**mis**apply **mis**behave **mis**spell **mis**understand
MONO	**mono**gamy **mono**lingual **mono**syllabic
MULTI	**multi**choice **multi**colored **multi**media **multi**national
NON	**non**alcoholic **non**fattening **non**toxic
OUT	**out**come **out**line **out**law **out**live **out**sell **out**sider
OVER	**over**estimate **over**protect **over**weight
POST	**post**graduate **post**-industrial **post**natal **post**war
PRE	**pre**adolescent **pre**colonial **pre**natal

Prefixos

PRO	**pro**-british **pro**-choice **pro**-communist **pro**-life **pro**-war
RE	**re**dial **re**consider **re**create **re**make **re**move
SELF	**self**-control **self**-destruction **self**-made **self**-service
SEMI	**semi**arid **semi**circle **semi**precious **semi**official
SUB	**sub**genre **sub**group **sub**species **sub**tropical **sub**zero
SUPER	**super**ego **super**hero **super**natural **super**sonic
TRANS	**trans**atlantic **trans**continental **trans**fusion **trans**plant
TRI	**tri**angular **tri**color **tri**cycle **tri**ennial
UN	**un**aware **un**clear **un**important **un**said **un**solved
UNDER	**under**age **under**estimate **under**line
UNI	**uni**corn **uni**cycle **uni**form **uni**lateral **uni**sex **uni**son
WELL	**well**-adjusted **well**-chosen **well**-known

Outros exemplos: auto, contra, extra, maxi, micro, pseudo e ultra

Ex. 01 - Complete as frases abaixo com as seguintes palavras com prefixos:

nonsmoking   unhappy   indelicate   ex-husband   unsolved   illegible
self-service   recreate   misbehave   semiprecious   disagree   misspell
underage   immature   informal   encourage   unimportant   preadolescent
illegal   insincere   well-adjusted   impolite   overweight   megastar   antisocial

01. If you don't want to _____ words, you should read more.

02. Excuse me but this is a _____ area.

03. He is a _____ , which means he's difficult to deal with.

Aumente o seu vocabulário em inglês

Prefixos

04. If you _____ , you'll be grounded.

05. They always _____ me to get a better job.

06. My kids are _____ here now.

07. I wonder why he looks so _____ today.

08. Her _____ got married again.

09. Help yourself. This is a _____ restaurant.

10. He is _____ , so he shouldn't watch this kind of movie.

11. They are _____ . A diet would be good for them.

12. It is _____ to drink and drive.

13. They are very _____ kids.

14. The party is _____ so there's no need to dress up.

15. They tried to _____ the atmosphere of the 50's.

16. I think he is _____ . He hates to go to parties.

17. I _____ with you. I think she is a good actress.

18. That was very _____ of you to say.

19. Turquoise is considered a _____ stone.

20. They usually fight about _____ things.

21. Considering he is 35 years old, he is very _____ .

22. I couldn't read the letter. It was _____ .

23. Jake was being _____ when he said he loved her.

24. Madonna is so popular that she is considered a _____ .

25. The Boston murders remain _____ .

Prefixos

A

Prefixo: usado para formar adjetivos, advérbios e preposições.

Sentido: indica estado ou condição, posição, maneira; não, sem.

Comentário: Quando usado no sentido de "sem", esse prefixo é igual ao português, como podemos ver nas palavras amoral ou assexual. Porém, não há um padrão a ser seguido para outras palavras.

aback: para trás, atrás

aboard: a bordo

abreast: lado a lado

abroad: no exterior, em um país estrangeiro

across: através de, de lado a lado

adrift: sem rumo, desgovernado

afar: longe, a distância

afloat: flutuante, a boiar

afoot: a pé

afresh: de novo, mais uma vez

ago: há tempos, no passado

aground: encalhado, imobilizado

ahead: a frente, adiante, na frente

alight: aceso, iluminado, em chamas

alike: semelhante, parecido, similar

alive: vivo, com vida

alone: sozinho, solitário

along: ao longo, juntamente, junto a

aloud: em voz alta

anew: de novo, mais uma vez, de nova maneira

apart: separado, à parte, em pedaços

around: ao redor, em volta

ashamed: envergonhado

ashore: em terra firme

aside: de lado, ao lado

asleep: adormecido

atop: em cima, no alto

atypical: atípico, não típico

awake: acordado, desperto

away: longe, longe de, distante, embora

Aumente o seu vocabulário em inglês

Prefixos

Ex. 02 - Complete utilizando palavras com o prefixo **A**

01. I live seven miles _____ from my office.

02. I got home late so the kids were all _____ .

03. They were _____ for four days before they were rescued.

04. Put some money _____ 'cause you'll need it in the future.

05. I had lots of coffee to keep me _____ through the night.

06. I need to rest _____ and catch my breath.

07. You should be _____ for cheating on the test.

08. He ran _____ the soccer field until he got too tired to continue.

09. The passengers were welcomed _____ by the captain.

10. We are going _____ for four hours to see the sights.

11. They have walked _____ the beach for two hours.

12. If you read the text _____ , it might improve your pronunciation.

13. They were _____ for two months, but they are together again.

14. Thank God he was _____ when they rescued him.

15. We have to start _____ and make it right this time.

16. They look so much _____ that I can't tell one from the other.

17. Go _____ for three blocks and then turn left.

18. He worked on his boat until it was _____ again and ready to sail.

19. She tried to swim _____ the English Channel but she couldn't.

20. She moved to the country and started her life _____ .

21. She felt so _____ that sometimes she talked to the walls.

22. They are _____ now but they'll be back in two weeks.

23. Their first child was born seven years _____ .

24. People come from _____ to pay homage to Princess Diana.

25. I got four logs and then I was able to get the fire _____ .

Prefixos

DIS

Prefixo: forma verbos, adjetivos e substantivos.

Sentido: oposto da palavra a que foi adicionado.

Comentário: O prefixo dis dará sentido contrário à palavra a que ele se junta. O seu equivalente em português é **des**, embora o verbo *disagree* deva ser traduzido com o prefixo **dis**, que fica então discordar.

disadvantage: desvantagem

disagree: discordar, divergir

disappear: desaparecer, sumir

disapprove: desaprovar

disarm: desarmar, privar de armas

disassociate: desassociar, desligar

disbelieve: não acreditar, não crer

discomfort: desconforto

disconnect: desconectar, desligar, parar

discontent: descontente, descontentamento

discontinue: interromper, suspender, cessar

discourage: dissuadir, desencorajar, tirar o ânimo

discourteous: descortês, rude, indelicado

discover: descobrir

disembark: desembarcar, sair de uma embarcação

disentangle: desembaraçar

dishonest: desonesto

dishonor: desonrar, desonra

disinherit: deserdar

disintegrate: desintegrar, despedaçar

dislike: não gostar de, desagradar, ter aversão a

dislocate: deslocar, mover de um lugar para outro

disloyal: desleal, falso

disobedient: desobediente

disorganized: desorganizado

disqualify: desqualificar, desclassificar

disregard: desconsiderar

disrespectful: desrespeitoso

dissatisfy: não satisfazer, descontentar, desagradar

distrust: desconfiar, suspeitar, desconfiança, suspeita

Aumente o seu vocabulário em inglês

Prefixos

Ex. 03 - Complete utilizando palavras com o prefixo **DIS**

01. My dog _____ a year ago and I never saw him again.

02. Some day, scientists will _____ the cure for AIDS.

03. He is very _____ and never does what I tell him to do.

04. I _____ the idea of waking up so early every day.

05. He _____ his left shoulder during a tennis match.

06. My phone will be temporarily _____ while I'm on vacation.

07. You should _____ this wound. If you don't, it will get worse.

08. I am sorry but I _____ with your point of view.

09. They _____ of her marriage, but she doesn't really care.

10. We wanted to _____ and visit the island, but it was not possible.

11. He was punished for being _____ to his teacher.

12. She was very relieved when she _____ the horse.

13. He got a new job but he is not happy with it. He is _____ .

14. The main _____ of that school is its location.

15. If you _____ your family, they'll never talk to you again.

16. Please, _____ his comments. He doesn't know what he is saying.

17. The meteor _____ before reaching the surface of the planet.

18. He didn't want to be _____ so he said he liked the play.

19. His friends say that he is very _____ and confused.

20. You shouldn't _____ people who want to try new careers.

21. They _____ her because she got married to a crook.

22. People say he is _____ but he never did anything wrong.

23. They said he was _____ to the people of his own party.

24. Some voters see with _____ the election in the United States.

25. He felt some _____ when they asked about his personal life.

Prefixos

EN

Prefixo: acrescentado em palavras para formar verbos.

Sentido: colocar em, munir de, fazer com que, tornar, que passa a ser.

Comentário: Algumas palavras em português também usam este prefixo. É o caso de *encage* (enjaular), *encase* (encaixotar, envolver) ou *enfeeble* (enfraquecer). Mas isso não vale para todas as palavras. *Enchain* é traduzido como acorrentar, *encode* é traduzido como codificar, ou ainda *enlarge*, que é traduzido como ampliar, aumentar. Veremos mais adiante que este prefixo também pode ser um sufixo.

enable: habilitar, capacitar

encage: enjaular, engaiolar

encamp: acampar

encase: encaixotar, revestir, envolver

enchain: acorrentar, algemar, prender

encircle: cercar, rodear, circundar

encode: codificar

encourage: encorajar, animar, apoiar

endanger: pôr em perigo, arriscar

enfeeble: enfraquecer, debilitar

enforce: fazer cumprir uma lei, impor, obrigar

enframe: emoldurar, enquadrar

enjoy: desfrutar, apreciar, divertir-se

enlace: entrelaçar, envolver

enlarge: aumentar, ampliar

enlighten: esclarecer, iluminar

enlist: alistar, increver

ennoble: enobrecer, dignificar

enrage: enfurecer, enraivecer

enrich: enriquecer

enroll: matricular, inscrever

enslave: escravizar

ensure: assegurar, garantir

entangle: emaranhar, embaraçar, confundir

enthrone: subir ao trono, entronizar

entitle: habilitar, autorizar

entomb: enterrar, sepultar

entrap: apanhar com laço, rede ou armadilha, enganar

entrust: entregar aos cuidados de

envision: visionar, prever, pressentir

Aumente o seu vocabulário em inglês

Prefixos

Ex. 04 - Complete utilizando palavras com o prefixo **EN**

01. Some people say that suffering _____ one's character.

02. In order to _____ your vocabulary, you should read more.

03. The entire house is _____ by dozens of trees.

04. They have always _____ me to get a better job.

05. He knows that smoking _____ his health but he hasn't quit yet.

06. The tiger was _____ apart from the other animals.

07. As a police officer, my job is to _____ the law.

08. Did you _____ your vacation in the Bahamas?

09. I wish I could _____ a better future but I don't.

10. The lecture was to _____ us of the dangers of being sedentary.

11. If you want to _____ a place in the sun, you must study a lot.

12. Some Hollywood stars were _____ to help raise funds.

13. Her parents _____ her in a coeducational school.

14. The Portuguese tried to _____ Indians but it didn't work out.

15. You are _____ to get in if you are over eighteen years old.

16. She _____ me with her dog during her trip to Mexico.

17. Can you believe they were _____ by their own lawyers?

18. They had to _____ on the outskirts of the city.

19. That new course he's doing, will _____ him to get a better job.

20. The long journey _____ him a bit but he is fine now.

21. In order to _____ him, his friends called him 'fatso'.

22. This milk is good because it is _____ with vitamins.

23. The newspapers are saying he is _____ with the Mafia.

24. Pharaohs in ancient Egypt were _____ in pyramids.

25. The king will be _____ tomorrow morning.

Prefixos

IN

Prefixo: acrescentado em palavras para formar adjetivos e advérbios.

Sentido: falta de, oposto de, não.

Comentário: É preciso tomar cuidado com este prefixo e o prefixo **un**. Ambos têm o sentido de "não" junto à palavra a que foi acrescentado. Uma confusão comum é com a palavra *polite*. A palavra correta é *impolite*, sendo o prefixo **im** uma variação de **in** e deve ser usado antes da letra "p".

inadequate: inadequado

inappropriate: impróprio, inadequado

inaudible: inaudível

incapable: incapaz

incoherent: incoerente

incompatible: incompatível

incompetent: incompetente

incomplete: incompleto

inconvenient: inconveniente

incorrect: incorreto

incurable: incurável

indecent: indecente

indecision: indecisão

indefinite: indefinido

indelicate: indelicado

inedible: não comestível

ineffective: ineficaz

inexperienced: inexperiente

infidelity: infidelidade

informal: informal

insanity: insanidade

insecure: inseguro

insensitive: insensível

inseparable: inseparável

insincere: insincero, não sincero

insufficient: insuficiente

intolerant: intolerante

invalid: inválido

invisible: invisível

involuntary: involuntário

Aumente o seu vocabulário em inglês

Prefixos

Ex. 05 - Complete utilizando palavras com o prefixo **IN**

01. He was _____ so his girlfriend broke up with him.

02. Just because he doesn't cry, his wife says he is _____ .

03. She is an _____ woman. That's why she is so jealous.

04. You don't need to dress up for the party. It is an _____ one.

05. This report is _____ . I need more information.

06. The password was _____ so he couldn't open the file.

07. This kind of magazine is _____ for young kids.

08. The answer to the question is _____ . Try again, please.

09. His _____ was the cause of their divorce.

10. I don't want him to work for me because he is _____ .

11. This kind of mushroom is _____ . It is poisonous.

12. After a year of marriage, they realized how _____ they were.

13. You shouldn't trust her. She is _____ of keeping a secret.

14. He didn't want to burp. It was _____ .

15. I am going to be away for an _____ period of time.

16. The amount of money I have is _____ to buy a Porshe.

17. I didn't hear anything. The noise was _____ from where I was.

18. Do you think *The Last Tango in Paris* was _____ ?

19. It was _____ of him to ask how old she was.

20. Germs are _____ to the human eye.

21. She gave an _____ explanation and nobody bought it.

22. He graduated last year so he is _____ for this kind of job.

23. The Johnson twins are _____ . They do everything together.

24. All the medicines she took were _____ so she's still in pain.

25. Cancer is still an _____ disease.

Ricardo Bruschini

Prefixos

MIS

Prefixo: forma verbos, substantivos e, menos comumente, adjetivos.

Sentido: indica que algo é malfeito ou de forma errada.

Comentário: Esse prefixo será usado para dizer que algo é feito de forma errada ou malfeita. Normalmente, não conseguimos dizer isso em apenas uma palavra. Precisaremos dizer, por exemplo, para *mispronounced*, pronunciado errado. Para a palavra *misjudge*, diremos julgar mal.

misaddress: endereçar errado

misappropriate: obter por fraude ou roubo

misbehave: comportar-se mal, mau comportamento

miscalculate: calcular mal, orçar mal

misconception: concepção errada, conceito errôneo

misconduct: conduzir-se mal, agir mal, conduta imprópria

miscount: contar mal, contar erroneamente

misdirect: orientar mal, dirigir mal

misfortune: infortúnio, revés, azar

misgovern: governar mal

mishandle: manejar mal, lidar mal

mishear: ouvir mal, ouvir errado

misinform: informar erroneamente

misinterpret: interpretar mal, tirar conclusões errôneas

misjudge: julgar mal, fazer juízo errôneo

mislead: desencaminhar, enganar, iludir

mismanage: administrar mal

mismatch: combinar mal

misplace: colocar fora de lugar

misprint: cometer erros de impressão, erro de impressão

mispronounce: pronunciar mal, pronunciar errado

misquote: citar erroneamente

misread: ler ou interpretar mal

misreport: informar erroneamente

misspell: escrever errado, soletrar mal

misspend: desperdiçar, esbanjar

mistreat: maltratar

mistrust: desconfiar, suspeitar, desconfiança, suspeita

misunderstand: entender mal

misuse: fazer mau uso, uso errado

Aumente o seu vocabulário em inglês

Prefixos

Ex. 06 - Complete utilizando palavras com o prefixo **MIS**

01. Be careful not to _____ any words in your composition.

02. I didn't use this kind of language. I was obviously _____ .

03. If you _____ tonight, you're going be grounded for two weeks.

04. I was only trying to help her but she _____ my gesture.

05. I _____ the number of people so we don't have enough chairs.

06. It is very easy to _____ some words in English, isn't it?

07. If you didn't _____ my glasses, where are they, then?

08. He wasn't _____ into a life of crime. He chose this kind of life.

09. He _____ the problem and now it's even more complicated.

10. If he continues to _____ his money like this, he'll be broke soon.

11. The cause of their divorce was _____ between them.

12. He went bankrupt because he _____ his business.

13. People _____ her and think she is dumb because of her good looks.

14. I missed your lecture because I was _____ about the date.

15. Parents who _____ their children, should be sent to jail.

16. He had the _____ of getting married to a golddigger.

17. Make sure you don't _____ this device, or it will break soon.

18. If we _____ the number of guests, we'll be in trouble.

19. I know he will _____ the country, so I won't vote for him.

20. I am sure I didn't _____ what he said to his wife.

21. I understood something else so I must have _____ the article.

22. Due to some _____ , the book has not been published yet.

23. Some people think she is arrogant. She is not. This is a _____ .

24. Your _____ will be severely punished.

25. I didn't get the invitation because it was _____ .

Prefixos

OVER

Prefixo: forma verbos, adjetivos e, menos comumente, substantivos.

Sentido: dá à palavra a que se junta sentido de demais, acima, sobre, além.

Comentário: Este prefixo forma verbos, adjetivos e substantivos. Ele é muito menos comum quando se trata de formar substantivos. Veja alguns exemplos em que este prefixo forma substantivos: *overdose* e *overproduction*. *Overdose* pode ser também verbo.

overact: exagerar, atuar de forma teatral demais

overactive: hiperativo, demasiadamente ativo

overage: acima da idade

overbook: fazer reservas além da conta

overburden: sobrecarregar

overcharge: cobrar em excesso, cobrar caro

overcome: superar, vencer

overcook: cozinhar demais, exceder o tempo de cozimento

overcrowded: superlotado, apinhado

overdecorated: excessivamente decorado, muito enfeitado

overdose: dose excessiva, exagerar na dose

overdressed: vestido de modo exagerado

overeat: comer demais

overestimate: superestimar

overfeed: alimentar em excesso

overheat: aquecer demais, superaquecer

overload: sobrecarga, sobrecarregar

overpopulated: superpovoado, sobrepovoado

overpriced: de preço exagerado

overproduction: superprodução

overprotective: superprotetor

overqualified: superqualificado

overrate: avaliar em excesso, superestimar, sobrestimar

overreact: reagir de forma exagerada

oversize : enorme, demasiado grande

oversleep: dormir demais, dormir além do pretendido

overspend: gastar demais, gastar em excesso

overtime: hora extra, serão

overuse: usar excessivamente

overweight: acima do peso

Aumente o seu vocabulário em inglês

Prefixos

Ex. 07 - Complete utilizando palavras com o prefixo **OVER**

01. The doctor said I was _____ and I must lose ten pounds.

02. He died of an _____ of cocaine and alcohol.

03. If you work _____ , you can make some extra money.

04. This room is _____ . There are too many objects here.

05. Don't you think you _____ money on clothes?

06. You shouldn't _____ your son like this. He is very fat.

07. She _____ when I said she should lose some weight.

08. If you _____ the meat, it will be dry and not tender.

09. Due to _____ , the machine is completely ruined.

10. I didn't _____ this morning but I was late for work anyway.

11. If she didn't wear _____ clothes, she would look thinner.

12. Due to _____ , they didn't sell all the cars this year.

13. It is very cold today, but you shouldn't _____ the house.

14. Critics didn't _____ *Gladiator*. It is a very good movie.

15. The arena was _____ with fans who wanted to see Elvis.

16. During high season, most hotels are _____ .

17. She was _____ for the party, which was very informal.

18. Some _____ children are very shy and quiet.

19. This is the best restaurant in town. That's why they _____ .

20. The problem with _____ people is the salary they ask.

21. If you _____ like this, you're going to get fat pretty soon.

22. I think some critics _____ Tom Cruise as an actor.

23. Most _____ cities have very serious social problems.

24. Don't _____ the truck or it will break down soon.

25. These kids are _____ . They are always running.

RE

Prefixo: usado para formar verbos e substantivos.

Sentido: de novo, novamente, outra vez.

Comentário: Esse prefixo é igual no português. Para dizermos que algo será feito novamente, usamos **re**, como na palavra *redo*, que quer dizer refazer, ou como em *recreate*, que quer dizer recriar.

readjust: reajustar

reaffirm: reafirmar, reiterar

reappear: reaparecer

rearrange: reajustar, tornar a pôr em ordem, reorganizar

reassure: reassegurar, tranquilizar

rebuild: reconstruir, restaurar

recapture: recapturar, recuperar

recharge: recarregar

reconsider: reconsiderar

reconstruct: reconstruir, reedificar

recount: relatar, contar novamente

recreate: recriar, criar novamente

redial: rediscar, discar novamente

redirect: redirecionar, mudar de direção

rediscover: redescobrir, tornar a descobrir

redo: refazer, fazer de novo

reeducate: reeducar

reelect: reeleger

refill: encher ou suprir novamente

regain: recuperar, reconquistar

reinvent: reinventar

relocate: mudar de lugar, transferir

remake: refazer

remarry: casar novamente

rename: renomear, dar novo nome

reopen: reabrir

reorganize: reorganizar

reproduce: reproduzir, tornar a produzir

reschedule: marcar uma nova data, reprogramar

rewrite: reescrever, escrever novamente

Prefixos

Ex. 08 - Complete utilizando palavras com o prefixo **RE**

01. I'd like you to _____ your essay. It is not very good.

02. If you _____ your seat belt, you'll feel more comfortable.

03. If you want to call him back, just _____ the number.

04. The police said they will _____ the prisoner very soon.

05. I have _____ the joys of being single again.

06. I need to _____ my batteries, so I'm going away for the weekend.

07. We should _____ our children and teach them to eat healthier food.

08. I think you should _____ the job offer you got.

09. I would like to _____ my appointment for tomorrow.

10. A lot of animals don't _____ in captivity.

11. They are trying to _____ the atmosphere of the 80's.

12. My favorite restaurant will _____ next Friday.

13. They want to _____ the votes in the state of Florida.

14. The president _____ his intentions to keep fighting terrorism.

15. Do you think they will _____ the World Trade Center?

16. They had to _____ the airplane to another airport.

17. I thought my dog would _____ , but he's still missing.

18. Do you think people will _____ George W. Bush?

19. His boss will _____ him to another department.

20. The movie is a _____ of another movie from the 60's.

21. I need to _____ my agenda so I can get some free time.

22. Could you _____ my glass with more wine, please?

23. When her husband died, she said she would never _____ .

24. Many houses were _____ the same way they were before.

25. Her lawyer said she will _____ custody of her son.

SELF

Prefixo: acrescentado em palavras para formar adjetivos e substantivos.

Sentido: por si mesmo, de si mesmo, para si mesmo.

Comentário: A grande maioria das palavras com esse prefixo tem o equivalente em português a **auto**. Poucas são as palavras que não precisam dessa palavra ao serem traduzidas, como é o caso de *self-absorbed* (absorto, pensativo) ou *self-conscious* (constrangido, embaraçado). Note que, com esse prefixo, é necessário o uso de hífen entre as palavras.

self-absorbed: absorto, absorvido, pensativo

self-analysis: autoanálise

self-assessment: autoavaliação

self-assurance: autoconfiança, confiança em si mesmo

self-censorship: autocensura

self-centered: egoísta, egocêntrico

self-confidence: autoconfiança

self-conscious: constrangido, embaraçado

self-control: autocontrole

self-defense: autodefesa, legítima defesa

self-destructive: autodestrutivo

self-discipline: autodisciplina

self-esteem: autoestima

self-examination: introspecção

self-explanatory: autoexplicativo, óbvio, evidente

self-help: autoajuda

self-hypnosis: auto-hipnose

self-imposed: autoimposto, voluntário

self-inflicted: autoinfligido

self-made: feito por si mesmo, que vence na vida por esforço próprio

self-pity: autopiedade

self-portrait: autorretrato

self-preservation: autopreservação

self-proclaimed: autoproclamado

self-protection: autoproteção

self-respect: autorrespeito

self-service: ato de servir-se a si mesmo

self-sufficient: autossuficiente

self-sustaining: autossustentado

self-taught: autodidata

Aumente o seu vocabulário em inglês

Prefixos

Ex. 09 - Complete utilizando palavras com o prefixo **SELF**

01. He keeps a gun in the house for _____ .

02. Her _____ is the result of years of experience.

03. He is a _____ man with a lot of power now.

04. After her plastic surgery, her low _____ is gone.

05. These _____ manuals are very good, specially for the writers.

06. She killed her attacker in _____ .

07. The instructions are _____ . If you have any doubts, feel free to call me.

08. She is a _____ woman. That's how she learned French.

09. He painted a _____ when he was fifty-two years old.

10. Some people believe in _____ but I don't think it's possible.

11. We have to import oil because we are not _____ .

12. Her lack of _____ made her beg him not to leave her.

13. _____ helped me to see how wrong I was.

14. It is the instinct of _____ that makes animals attack you.

15. They have a sick and _____ relationship.

16. _____ means that you feel sorry for yourself.

17. Because of her _____ , she managed to keep calm.

18. _____ is very important if you want to combat breast cancer.

19. I had lunch at a very good _____ restaurant.

20. He was so _____ that he didn't notice when she arrived.

21. A lot of intellectuals left for a _____ exile in France.

22. His _____ wounds turned out to be fatal.

23. They are _____ and they don't really care about other people.

24. Her _____ is sometimes seen as arrogance.

25. He said he has won the championship because of his _____ .

Ricardo Bruschini

Prefixos

UN

Prefixo: forma principalmente adjetivos e também verbos e advérbios.

Sentido: dá sentido contrário à palavra a que foi acrescentado; reverte a ação.

Comentário: Esse prefixo muitas vezes terá seu equivalente no português como **in**. Veja o exemplo de *unhappy* ou *unexplored*, que são traduzidos como infeliz e inexplorado. Porém, isso não se aplica a todas as palavras. No exercício proposto, não foram mostrados verbos. Veja alguns exemplos aqui: *undo* (desfazer), *unlock* (destrancar), *undress* (despir), *unpack* (desarrumar as malas), *unwrap* (desembrulhar) etc.

unable: incapaz

unafraid: destemido, sem medo

unanswered: não respondido

unattractive: sem atrativos, não atraente

unauthorized: não autorizado, sem autorização

unbelievable: inacreditável

unbreakable: inquebrável

unclear: não claro, obscuro

uncooked: não cozido, cru

undressed: não vestido, despido

unemployed: desempregado

unexpected: inesperado

unexplained: inexplicado

unexplored: inexplorado

unfair: injusto

unhappy: infeliz

unidentified: não identificado

unimportant: sem importância, não importante

uninformed: não informado

unintentional: não intencional

unlocked: destrancado, destravado

unmarried: solteiro, não casado

unofficial: não oficial

unpaid: não pago

unpleasant: desagradável

unpredictable: não previsível, imprevisível

unprofessional: não profissional

unreliable: que não é de confiança

unsaid: não dito, não mencionado

unwise: insensato, imprudente

Aumente o seu vocabulário em inglês

Prefixos

Ex. 10 - Complete utilizando palavras com o prefixo **UN**

01. He didn't mean to hurt you. It was _____ .

02. After she gained weight, she became an _____ girl.

03. She was not ready to go. Actually, she was still _____ .

04. The door was left _____ . That's why they got into the house.

05. It is _____ to drive home now. The weather is awful.

06. Her question remained _____ . Nobody knew the answer.

07. He was saying something _____ so we didn't pay attention.

08. Some parts of the country are still _____ .

09. The outcome of this project is _____ .

10. She was _____ but now that her mother is back, she is happy again.

11. If something is _____ , it doesn't mean it didn't happen.

12. Don't tell her any secrets. She is _____ and she likes to gossip.

13. These _____ roads can really ruin your car.

14. His orders were _____ , which caused some confusion.

15. She is _____ right now but she hopes to get a job soon.

16. His _____ autobiography was released last week.

17. This is _____ , but I heard Princess Diana is dead.

18. How did they build the Pyramids? The mystery remains _____ .

19. Some of the dishes they make nowadays are _____ .

20. They found another _____ victim.

21. He is still _____ . I guess he hasn't found the right girl yet.

22. We didn't expect her visit. It was completely _____ .

23. The meat is not ready yet. It's still _____ .

24. Her new boyfriend is very _____ . Nobody likes him.

25. She was _____ to control herself, so she cried like a baby.

Ricardo Bruschini

Prefixos

UNDER

Prefixo: acrescentado para formar substantivos, adjetivos e verbos.

Sentido: abaixo, não suficiente ou de forma não apropriada.

Comentário: O prefixo mais comum em português para under é **sub**. *Underdeveloped* é traduzido como subdesenvolvido, *underemployed* como subempregado e *underestimate* como subestimar. Porém, ele não é usado com todas as palavras.

underage: menor de idade

underarm: axila

undercharge: cobrar preço inferior ao usual

underclothes: roupa de baixo, roupa íntima

underdeveloped: subdesenvolvido

underdone: malpassado

underdressed: vestido de forma inapropriada para a situação

underemployed: subempregado

underestimate: subestimar

underfed: desnutrido, subalimentado

underfoot: no chão, sob os pés

underfunded: carente de recursos, sem recursos suficientes

underground: subterrâneo, subsolo

undergrowth: vegetação rasteira, arbustos

underline: sublinhar, salientar

undermentioned: abaixo mencionado

underpaid: mal pago

underpants: cueca, ceroula

underpass: passagem subterrânea

underprivileged: desprivilegiado, desprovido

underrate: subestimar, menosprezar

undersea: sob o mar

undershirt: camiseta, camisa de baixo

undersized: menor que o normal

understaffed: com quantidade insuficiente de funcionários

underused: subutilizado

undervalued: avaliado em menos que o valor real, depreciado

underwater: embaixo d'água, submerso

underwear: roupa de baixo

underweight: abaixo do peso

Aumente o seu vocabulário em inglês

Prefixos

Ex. 11 - Complete utilizando palavras com o prefixo **UNDER**

01. You cannot buy beer here because I know you are _____ .

02. Since he had the heart surgery, he is _____ .

03. The cat was _____ and looked very sick.

04. This kind of disease is common in _____ countries.

05. You shouldn't _____ her intelligence based on her looks.

06. Whenever I go to a restaurant, I order my steak _____ .

07. As you read the text, _____ the words you don't know.

08. The service was lousy because they are _____ .

09. The _____ kids received their Christmas gifts gladly.

10. As soon as he arrived at the party, he felt he was _____ .

11. Most of the new machines they have bought are _____ .

12. If you don't put on an _____ , you're going to be cold.

13. As I walked, I felt the wet grass _____ .

14. They have built a tunnel _____ to escape from prison.

15. Pearl divers can stay _____ for a long time.

16. He didn't get the promotion so he felt really _____ .

17. He managed to carry four bags and a baguette _____ .

18. She is an excellent secretary. I really think she is _____ .

19. They might build an _____ station to study marine life.

20. I'm going to Iceland so I'd better buy some thermal _____ .

21. Don't you think Frederick is _____ for his age?

22. Just because she's beautiful, people _____ her as an actress.

23. The _____ person committed a vicious crime.

24. It's dangerous to cross the street here. Use the _____ .

25. The organization that helps the homeless is _____ .

Prefixos

WELL

Prefixo: usado para formar adjetivos.

Sentido: bem, bom, bastante.

Comentário: O equivalente deste prefixo em português é "bem", "bastante". Note que, assim como usamos hífen em palavras com o sufixo **self**, o mesmo acontece com palavras com **well**.

well-adjusted: bem-ajustado

well-being: bem-estar

well-balanced: bem equilibrado, sensato

well-behaved: bem-comportado

well-born: bem-nascido, de boa família

well-brought-up: bem-criado

well-built: musculoso, forte

well-chosen: bem escolhido, escolhido cuidadosamente

well-connected: bem relacionado

well-done: benfeito, bem passado

well-dressed: bem vestido

well-earned: merecido

well-endowed: bem guarnecido

well-fed: bem nutrido

well-guarded: bem guardado, protegido

well-informed: bem informado

well-intentioned: bem-intencionado

well-kept: bem tratado, bem cuidado

well-known: bem conhecido, de renome

well-liked: benquisto

well-mannered: de boas maneiras, bem-educado

well-meant: bem-intencionado

well-oiled: que funciona de forma eficaz

well-paid: bem remunerado

well-preserved: bem conservado

well-qualified: bem qualificado, habilitado

well-read: versado

well-spoken: que fala bem, polido, cortês

well-versed: versado, com muito conhecimento em alguma coisa

well-worn: gasto pelo uso, batido

Aumente o seu vocabulário em inglês

Prefixos

Ex. 12 - Complete utilizando palavras com o prefixo **WELL**

01. Billy is _____ and ready to go to sleep.

02. Her actual age is a very _____ secret.

03. The songs were _____ , which made everybody dance.

04. He knows a bit of everything. He's a _____ person.

05. They have found a very _____ body in the Alps.

06. The measures were _____ , but they didn't help much.

07. She is a _____ woman and very classy.

08. They are always worried about the _____ of their children.

09. A _____ person wouldn't use this kind of language.

10. If you are _____ , it is easier to get nice jobs.

11. He is _____ because he is a very competent man.

12. I wasn't _____ about the facts, so I said nothing.

13. Fort Knox is one of the most _____ places in America.

14. His promotion was considered _____ by most people.

15. She is always on the list of _____ women in America.

16. My company is _____ , so sometimes I can be away.

17. She looked awful on that _____ dress.

18. Everywhere he worked, he was _____ by his colleagues.

19. Because of her _____ diet, she has lost ten pounds.

20. She is a _____ actress both in the United States and in Europe.

21. I want my steak _____ , not rare or medium.

22. He is a _____ boy and he is only seventeen years old.

23. He was a _____ man, so he decided to be a football player.

24. The firm was _____ to handle their divorce.

25. Most of the time, my kids are _____ and very polite.

Ricardo Bruschini

Vários outros prefixos não foram mencionados por não serem muito comuns ou não renderem um bom exercício. Observe alguns exemplos: *subzero, antiwar, autopilot, bilingual, extramarital, supermodel, minibus, prenatal, postpaid, semicircle, nonalcoholic, monosyllabic, triangle, subatomic, microchip, ex-wife, contradict, multifunction, forehead, unicellular, counterattack, devaluation, copilot, pseudoscience, ultraviolet, transatlantic, hyperactive, interdepartmental, intravenous, megastar, prearranged* etc.

Prefixos com sentidos negativos ou opostos

ANTI – AGAINST	**anti**aging **anti**communist **anti**nausea
COUNTER – AGAINST	**counter**attack **counter**culture **counter**spy
DE – OPPOSITE	**de**caffeinated **de**centralize **de**compose
DIS – OPPOSITE	**dis**advantage **dis**agree **dis**honest **dis**inherit
IL – NOT	**il**legal **il**legible **il**limitable **il**literate
IM – NOT	**im**mobile **im**mortal **im**patient **im**perfect
IN – NOT	**in**accurate **in**complete **in**sensitive
IR – NOT	**ir**regular **ir**relevant **ir**responsibile
NON – NOT	**non**alcoholic **non**sinkable **non**smoker
UN – NOT	**un**afraid **un**clear **un**cooked **un**happy
LESS – WITHOUT	home**less** meaning**less** speech**less** use**less**
A – WITHOUT	**a**moral **a**political **a**sexual
MAL – WRONGLY	**mal**function **mal**nutrition **mal**practice
MIS – WRONGLY	**mis**behave **mis**spell **mis**pronounce

Aumente o seu vocabulário em inglês

Prefixos

Ex. 13 - Complete com prefixos de sentido negativo ou oposto – **1**

01. _____ delicate
02. _____ accustomed
03. _____ polite
04. _____ healthy
05. _____ tolerant
06. _____ sensitive
07. _____ read
08. _____ relevant
09. _____ locked
10. _____ accurate
11. _____ patient
12. _____ legible
13. _____ honest
14. _____ respect
15. _____ smoker
16. _____ alcoholic
17. _____ centralize
18. _____ considerate
19. _____ stable
20. _____ complete
21. _____ sufficient
22. _____ married
23. _____ advantage
24. _____ different
25. _____ capable

Ex. 14 - Complete com prefixos de sentido negativo ou oposto – **2**

01. _____ ethical
02. _____ suitable
03. _____ durable
04. _____ partial
05. _____ mortal
06. _____ able
07. _____ continue
08. _____ figure
09. _____ necessary
10. _____ human
11. _____ mystify
12. _____ modest
13. _____ pack
14. _____ install
15. _____ available
16. _____ digestion
17. _____ satisfied
18. _____ valid
19. _____ secure
20. _____ probable
21. _____ voluntary
22. _____ predictable
23. _____ contaminate
24. _____ justice
25. _____ personal

Ricardo Bruschini

Sufixos

Afixos que são acrescentados depois de um radical são chamados de sufixos. Eles são bastante comuns na língua inglesa, como fica evidenciado na lista apresentada a seguir. Como disse anteriormente, nem todos os sufixos foram apresentados na lista, e nem todos os apresentados foram transformados em exercícios. De qualquer forma, os mais comuns estão relacionados.

Veja abaixo alguns exemplos de palavras com sufixos:

count – count**able**

instinct – instinct**ive**

extreme – extrem**ist**

charm – charm**less**

breeze – breez**y**

develop – develop**ment**

fiction – fictiti**ous**

paint – paint**er**

snob – snobb**ish**

father – father**hood**

sweet – sweet**ness**

comedy – comed**ian**

employ – employ**ee**

propose – propos**al**

identity – identi**fy**

LISTA COM ALGUNS SUFIXOS

Como introdução, segue abaixo uma lista com os sufixos mais comuns e, em seguida, uma série de exercícios relacionados a eles.

ABLE	count**able** drink**able** imagin**able** question**able**
AGE	dos**age** espion**age** mile**age** pass**age** short**age**
AL	arriv**al** approv**al** deni**al** propos**al** renew**al**
ANCE	assist**ance** entr**ance** perform**ance** resist**ance** toler**ance**

Aumente o seu vocabulário em inglês

Sufixos

ATION	associ**ation** dedic**ation** imagin**ation** viol**ation**
CY	fluen**cy** pregnan**cy** priva**cy** urgen**cy** vacan**cy**
EAN	chil**ean** europ**ean** hercul**ean** singapor**ean**
EE	divorc**ee** employ**ee** interview**ee** retir**ee** train**ee**
EN	bright**en** dark**en** hard**en** quick**en** tight**en**
ENCE	coher**ence** coincid**ence** experi**ence** intellig**ence**
ER	blend**er** eras**er** freez**er** light**er** print**er**
FUL	care**ful** pain**ful** peace**ful** power**ful** respect**ful** use**ful**
IAN	comed**ian** guard**ian** music**ian** politic**ian**
IBLE	access**ible** compat**ible** flex**ible** leg**ible** poss**ible**
IC	biolog**ic** democrat**ic** phonet**ic** problemat**ic**
ICAL	biolog**ical** clin**ical** cyn**ical** histor**ical** polit**ical** typ**ical**
IFY	clar**ify** ident**ify** intens**ify** mod**ify** ver**ify**
ING	build**ing** cry**ing** freez**ing** kill**ing** mean**ing** swimm**ing**
ISH	black**ish** fool**ish** self**ish** snobb**ish** thirty**ish**
ISM	antagon**ism** commun**ism** fanatic**ism** journal**ism** tour**ism**
IST	art**ist** pian**ist** special**ist** therap**ist** tour**ist**
ITY	activi**ty** capabil**ity** humid**ity** matern**ity** personal**ity**
IVE	act**ive** assert**ive** provocat**ive** talkat**ive**
IZE	author**ize** central**ize** legal**ize** organ**ize** social**ize**
LESS	home**less** job**less** pain**less** speech**less**

Ricardo Bruschini

Sufixos

LY	dai**ly** exact**ly** frequent**ly** normal**ly** real**ly** usual**ly**
MENT	argu**ment** develop**ment** involve**ment** pay**ment**
NESS	dark**ness** empti**ness** happi**ness** ill**ness** sad**ness**
OGY	biol**ogy** geol**ogy** psychol**ogy** sociol**ogy**
OR	act**or** calculat**or** elevat**or** escalat**or** sail**or** ventilat**or**
OUS	anxi**ous** fam**ous** nerv**ous** poison**ous** religi**ous**
SION	confu**sion** deci**sion** divi**sion** ero**sion** explo**sion**
SIS	analy**sis** cri**sis** neuro**sis** tuberculo**sis**
TION	competi**tion** introduc**tion** produc**tion** revolu**tion** solu**tion**
ULAR	ang**ular** gland**ular** pop**ular** reg**ular**
URE	agricult**ure** depart**ure** pleas**ure** sculpt**ure** signat**ure**
WARD	down**ward** in**ward** left**ward** sky**ward**
Y	cloud**y** cream**y** mess**y** rain**y** salt**y** sleep**y** wind**y**

Outros exemplos: ese, ess, hood, like, ship, th, ware e wise.

Ex. 01 - Complete as frases abaixo com as seguintes palavras com sufixos

privacy   talkative   sleepy   modify   meaning   foolish   powerful   socialize
historical   exactly   messy   argument   freezer   therapist   painless
legible   peaceful   happiness   religious   countable   jobless   interviewee
anxious   speechless   imagination

01. She used to be a _____ girl but now she is very quiet.

02. The president of the United States is a _____ man.

03. This is a _____ part of the city.

Aumente o seu vocabulário em inglês

Sufixos

04. The _____ was packed with food.

05. I have to meet my _____ in thirty minutes.

06. She had a _____ expression on her face.

07. They think it is necessary to _____ the script.

08. The kids were _____ to go to the zoo.

09. Some people say that _____ is just an illusion.

10. They had an _____ right after dinner.

11. I always thought of wars as something _____ .

12. He was _____ when he saw Julia Roberts at the airport.

13. He is not working right now. He is _____ .

14. She sees her _____ twice a week.

15. This is _____ the kind of gift I was looking for.

16. I would like to have some _____ if you don't mind.

17. I don't know the _____ of this word.

18. The word 'apple' is _____ but the word 'sugar' is not.

19. Most children have a very good _____ .

20. I can't read the note you wrote. It is not _____ .

21. I tried to _____ with the guests but I was not in the mood.

22. My grandmother was a very _____ woman.

23. My brother's room was as _____ as usual.

24. The surgery was quick and _____ .

25. She went to bed early because she was _____ .

ABLE

Sufixo: usado em verbos para formar adjetivos.

Sentido: que pode ser; que é capaz de; que tem uma qualidade específica.

Comentário: O equivalente em português a able é **ável**. Mais uma vez, vale dizer que há exceções, como, por exemplo, na palavra *drinkable*, que significa bebível. Outra exceção é a palavra *suitable*, que significa apropriado, adequado.

acceptable: aceitável, admissível

adjustable: ajustável, regulável

avoidable: evitável

breakable: quebrável, frágil

changeable: mutável, instável, inconstante

considerable: considerável

countable: contável, calculável

curable: curável

desirable: desejável

detestable: detestável, abominável

disposable: descartável

doable: factível, que pode ser feito

drinkable: bebível

eatable: comestível, comível

fashionable: na moda, conforme a moda

honorable: honorável, honroso, ilustre

imaginable: imaginável

likable: popular, digno de estima

memorable: memorável, notável

predictable: previsível

presentable: apresentável

profitable: lucrativo, rentável

recognizable: reconhecível

remarkable: notável, extraordinário

renewable: renovável

respectable: respeitável

returnable: retornável, restituível

sociable: sociável

suitable: apropriado, adequado

washable: lavável

Sufixos

Ex. 02 - Complete utilizando palavras com o sufixo **ABLE**

01. He spent a _____ amount of money on this house.

02. Our wedding was _____ and we'll remember it forever.

03. He has a _____ company with two hundred employees.

04. You can wear my suspenders. They are _____ so they will fit you.

05. The tornado was _____ so people had time to evacuate the area.

06. She is a beautiful and _____ woman with a lot of admirers.

07. 'House' is a _____ noun, but 'money' and 'traffic' are not.

08. The needles are _____ . That means we use them only once.

09. He is a _____ member of the scientific community.

10. This is not _____ . You'd better buy some mineral water.

11. Some things are _____ but some you have to face.

12. He is a mean, selfish and _____ young man.

13. Even with a mask on his face, he was _____ .

14. Osteoporosis causes bones to become easily _____ .

15. Changing habits is difficult, but it is _____ and sometimes necessary.

16. Because of El Niño, the weather is becoming highly _____ .

17. This kind of behavior was not _____ in those days.

18. They are quite _____ and they love to party.

19. Parents said that the movie was _____ for their children.

20. After taking a shower and changing his clothes, he looked _____ again.

21. Do you think diabetes will ever be _____?

22. She always wears _____ clothes.

23. This kind of mushroom is not _____ .

24. When they got married, they had an _____ wedding ceremony.

25. It is _____ how active and vigorous he is at his age.

Ricardo Bruschini

AGE

Sufixo: acrescentado para formar substantivos.

Sentido: o ato de ou o resultado do ato de.

Comentário: É muito comum que palavras terminadas em **age** sejam traduzidas como **agem** no português. Porém, nem todas as palavras serão assim. Veja, por exemplo, a palavra *coverage*, que significa cobertura, ou *wreckage*, que significa destroços.

bandage: bandagem, atadura

blockage: bloqueio, obstrução

breakage: quebra, ruptura

carriage: carruagem, frete, carreto

coverage: cobertura, caução

dosage: dosagem

drainage: drenagem, escoamento

espionage: espionagem

homage: homenagem

hostage: refém

leakage: vazamento

lineage: linhagem, estirpe

linkage: ligação, conexão

marriage: casamento, matrimônio

orphanage: orfanato

package: pacote, embrulho

parentage: ascendência, origem

passage: passagem

percentage: porcentagem

pilgrimage: peregrinação, romaria

plumage: plumagem

postage: porte, franquia postal

shortage: falta, escassez, carência

spillage: derramamento

storage: armazenamento

tutelage: tutela

usage: uso, costume

voltage: voltagem

wastage: desperdício, quantidade desperdiçada

wreckage: destroços, escombros

Aumente o seu vocabulário em inglês

Sufixos

Ex. 03 - Complete utilizando palavras com o sufixo **AGE**

01. Because of the serious _____ , they had to call a plumber.

02. Due to a _____ in the artery, blood is not flowing as it should.

03. He was taken _____ by a group of terrorists.

04. We have just received a heavy _____ from overseas.

05. This summer's water _____ was caused by lack of rain.

06. The oil _____ caused a serious ecological problem.

07. They worked under the _____ of a very experienced scientist.

08. If there's any _____ , the company will give you a refund.

09. There was no _____ between the two events.

10. The press _____ on the murder case was massive.

11. A lot of people say that their _____ is solid as a rock.

12. When you get your order, you'll have to pay the cost of _____ .

13. She says her _____ goes back to the Mayflower.

14. I fly American Airlines because of their _____ program.

15. They took a _____ and had a romantic ride through Central Park.

16. I must take this medicine but I don't know the right _____ .

17. She put a _____ around the wound to protect it.

18. One company accused the other of industrial _____ .

19. They have adopted a child of unknown _____ .

20. This is yellowish because it's been in _____ for a long time.

21. He lived in an _____ until the age of eighteen.

22. The _____ of divorces is increasing quite fast.

23. You can get to the other side through this narrow _____ .

24. Some Catholics go on _____ to Rome once a year.

25. The _____ of the plane came ashore two days later.

Sufixos

AL

Sufixo: acrescentado para formar adjetivos e substantivos.

Sentido: que tem a qualidade de; relacionado a.

Comentário: A maioria das palavras terminadas em al tem a mesma grafia em português. Porém, é preciso ficar atento, pois algumas palavras têm a escrita ligeiramente diferente, como, por exemplo, *accidental* e *additional*, em que as letras "c" e "d" dobram. Note que *approval* quer dizer aprovação e *rehearsal* quer dizer ensaio, portanto, diferente do que foi dito anteriormente. É importante também notar que apesar de serem escritas de forma igual ou semelhante, a sílaba forte das palavras muitas vezes é diferente do português. Para mais informações, consulte o livro *Inglês sem sotaque*, deste autor, publicado pela Disal Editora.

accidental: acidental

additional: adicional

approval: aprovação

bridal: nupcial, relativo à noiva, relativo ao casamento

brutal: brutal

continental: continental

criminal: criminoso, criminal

cultural: cultural

dental: dentário, relativo aos dentes

experimental: experimental

fundamental: fundamental

global: global, mundial

ideal: ideal

informal: informal

instrumental: instrumental

liberal: liberal

musical: musical

natural: natural, normal

normal: normal

original: original

postal: postal

rehearsal: ensaio

sensual: sensual

sentimental: sentimental

sexual: sexual

temperamental: temperamental

tropical: tropical

typical: típico

universal: universal

visual: visual

Aumente o seu vocabulário em inglês

Sufixos

Ex. 04 - Complete utilizando palavras com o sufixo **AL**

01. It is _____ to get apprehensive about getting married.

02. He had a very _____ idea that will solve our problem.

03. I agree when people say that love is a _____ language.

04. Do you know the _____ code of the area you live?

05. She didn't want her _____ dress to be white.

06. For any _____ information, you should talk to Mr. Lee.

07. He didn't kill himself. I'm sure his death was _____ .

08. She looks very _____ on the cover of Playboy magazine.

09. The party is _____ so don't worry about your clothes.

10. This is an _____ project, but it seems to be working.

11. He is at the dentist. He had a very serious _____ problem.

12. After a lot of _____ , the dancers were finally ready.

13. If you want to lose weight, it is _____ to exercise.

14. In order to continue with the project, we need his _____ .

15. He is a _____ , hot-blooded kind of guy.

16. We saw a wonderful _____ on Broadway last night.

17. He is a violent _____ who has killed many people.

18. Is it _____ to date two people at the same time?

19. It was a _____ murder and it remains unsolved.

20. They are a _____ couple. Did you know they have an open marriage?

21. My _____ job would involve traveling.

22. The _____ differences between Rome and Milan are huge.

23. She can cry watching a commercial. She is so _____ .

24. On a _____ summer day, it is common to rain in the afternoon.

25. Hawaii is a _____ paradise, isn't it?

Ricardo Bruschini

Sufixos

ANT

Sufixo: acrescentado a verbos para formar substantivos e adjetivos.

Sentido: algo ou alguém que faz ou é alguma coisa.

Comentário: Muitas vezes, **ant** será traduzido como **ante**, como, por exemplo, na palavra *aspirant* (aspirante), *deodorant* (desodorante) ou *predominant* (predominante). Outras palavras também poderão ser traduzidas como **ente**: *assistant* (assistente), *descendant* (descendente) ou *resistant* (resistente). Outras não se enquadram em nenhum dos casos: *consultant* (consultor) ou *accountant* (contador).

applicant: candidato, pretendente

arrogant: arrogante, presunçoso

assistant: assistente, auxiliar, ajudante

attendant: criado, servidor

constant: constante, contínuo

consultant: consultor

defendant: acusado

descendant: descendente

distant: distante, remoto

elegant: elegante

extravagant: extravagante, excessivo

hesitant: hesitante, indeciso

ignorant: ignorante, não instruído

immigrant: imigrante

important: importante

informant: informante

inhabitant: habitante, morador

insignificant: insignificante, sem importância

lubricant: lubrificante

occupant: ocupante

participant: participante

pleasant: agradável, aprazível

pregnant: grávida

relevant: relevante, importante

reluctant: relutante, hesitante

repugnant: repugnante, repulsivo

resistant: resistente

servant: empregado, criado

tolerant: tolerante

vibrant: vibrante

Aumente o seu vocabulário em inglês

Sufixos

Ex. 05 - Complete utilizando palavras com o sufixo **ANT**

01. 'She has a bun in the oven' means that a woman is _____ .

02. As a local _____ , he knows every place on the island.

03. The flight _____ told us to fasten our seat belts.

04. He says he is a _____ of a noble Russian family.

05. The _____ of the car was bleeding and unconscious.

06. He gave us some _____ information about the project.

07. The word 'faraway' is synonymous with _____ .

08. My _____ will take care of this matter for me.

09. The _____ arguments made them decide to get a divorce.

10. Do you think men are less _____ to pain than women?

11. She was _____ at first but then she accepted the proposal.

12. The play was _____ and the performers were excellent.

13. The scene was scary and _____ at the same time.

14. This is not _____ right now so let's discuss it later.

15. She was _____ about accepting the job offer in Japan.

16. He works as a tax _____ for a multinational company.

17. He was the only _____ who didn't finish the race.

18. He was an _____ so he worked hard to find a place in the sun.

19. There's no evidence that the _____ committed the crime.

20. They have an _____ lifestyle and they love to party.

21. The last _____ was very nervous but he got the job.

22. People say she is _____ but actually she is very shy.

23. Just because I didn't go to college it means I'm _____ or dumb.

24. In 'All the President's Men', the _____ was called 'Deep Throat'.

25. We spent a _____ afternoon in the park.

ATE

Sufixo: forma verbos, adjetivos e, menos comumente, substantivos.

Sentido: causar, fazer, tornar; que tem qualidade específica.

Comentário: Em verbos, esse sufixo é traduzido como **ar** mais a letra que precede **ate**. Por exemplo, no verbo *sedate*, teremos **ar** mais a letra que precede **ate**, que é "d", e então teremos sedar. Em adjetivos ou substantivos, normalmente, o equivalente seria **ado**, como em *adequate* (adequado), *appropriate* (apropriado) ou *emirate* (emirado).

accommodate: acomodar

accurate: preciso, exato

activate: ativar, acionar

appropriate: apropriado, adequado

assassinate: assassinar

celebrate: celebrar, comemorar

considerate: atencioso

coordinate: coordenar

create: criar

cultivate: cultivar

decorate: decorar

degenerate: degenerar, degenerado, depravado

delicate: delicado

dictate: ditar

elaborate: elaborar

exaggerate: exagerar

fascinate: fascinar

hesitate: hesitar

initiate: iniciar

interrogate: interrogar

investigate: investigar

isolate: isolar

locate: localizar

nominate: nomear

operate: operar

regulate: regular

sedate: sedar

simulate: simular

translate: traduzir

violate: violar

Sufixos

Ex. 06 - Complete utilizando palavras com o sufixo **ATE**

01. They have decided to _____ the church with white flowers.

02. I had to _____ my résumé from Portuguese into English.

03. In this area of the country, we _____ mostly coffee.

04. If you need further information, don't _____ to call me.

05. She was extremely nervous so they had to _____ her.

06. It was very _____ of you to offer me a ride.

07. They had to _____ the older tigers from the younger ones.

08. The plan to _____ the Pope didn't work out.

09. They hired a French designer to _____ a new line of clothes.

10. She felt _____ when her daughter went off to college.

11. Precious stones _____ her. She's absolutely crazy about them.

12. The company hired a detective to _____ the robbery.

13. You bought six pairs of shoes? You always _____ , don't you?

14. He's a _____ who spends all his money and time on peepshows.

15. The people who are going to _____ his campaign are old friends.

16. These are old and _____ glasses. Be very careful with them.

17. This medicine will _____ your blood pressure.

18. How do turtles _____ the exact place they were born?

19. First you have to _____ the machine and then you can use it.

20. I would _____ it if you could be punctual this time.

21. Don't use this kind of language here, please. It is not _____ .

22. I think the police will _____ them this afternoon.

23. From now on I'm going to _____ on writing my thesis.

24. We are going to _____ a new program to help drug addicts.

25. The surgeon who is going to _____ on him is brilliant.

ATION

Sufixo: acrescentado a verbos para formar substantivos.

Sentido: ação, condição ou o resultado de fazer alguma coisa.

Comentário: O equivalente ao sufixo **ation** em português é **ação**. Muito poucas palavras não seguem essa regra. Uma delas é *assassination*, que significa assassinato, ou *pronunciation*, que normalmente é traduzido como pronúncia e não pronunciação e também *reservation*, que significa reserva.

accommodation: acomodação

accusation: acusação

administration: administração

association: associação

combination: combinação

complication: complicação

cooperation: cooperação

decoration: decoração

dedication: dedicação

donation: doação

education: educação

explanation: explicação

generation: geração

identification: identificação

imagination: imaginação

information: informação

inspiration: inspiração

nomination: nomeação, indicação

occupation: ocupação

operation: operação

organization: organização

preservation: preservação

qualification: qualificação

reservation: reserva

separation: separação

situation: situação

temptation: tentação

transportation: transporte

unification: unificação

violation: violação

Sufixos

Ex. 07 - Complete utilizando palavras com o sufixo **ATION**

01. Their _____ to the orphanage was very generous.

02. Team work and _____ are the key to success.

03. He said he had seen a ghost but I'm sure it was his _____ .

04. His _____ as best actor made him extremely happy.

05. We must make a _____ if we want to have dinner there.

06. The _____ of human rights is still a serious problem.

07. The _____ was out of control until the police arrived.

08. His _____ to his family is touching.

09. What exactly does he do? What is his _____?

10. The _____ of the rain forest is something vital today.

11. Do you think the Clinton _____ was good to the country?

12. Our _____ helps people who live on the streets.

13. The younger _____ doesn't know who Doris Day is.

14. The _____ was successful and the patient is fine now.

15. 'Bloody Mary' is the _____ of tomato juice and vodka.

16. The _____ of murder was proved unfounded so he was released.

17. She says her _____ to write comes from her husband.

18. The subway is the fastest and safest means of _____ .

19. The pain of _____ is something she can't cope with.

20. The _____ was very clear and it helped me a lot.

21. He has a good job because he had a good college _____ .

22. The _____ of Italy took many years.

23. We got all the _____ we needed from an encyclopedia.

24. She has the right _____ for this kind of job.

25. I can resist everything except _____ .

Ricardo Bruschini

Sufixos

ED

Sufixo: usado para formar adjetivos, passado e particípio de verbos regulares.

Sentido: feito de; tendo as características de.

Comentário: É preciso ficar atento a esse sufixo, já que ele, muitas vezes, é confundido com o passado de verbos e não considerado como adjetivo. Na lista apresentada e nos exercícios propostos, eles são adjetivos. Para ser verbos, eles devem vir acompanhados de pronome ou um equivalente (*He confused...* ou *The boy confused...*). A palavra será adjetivo quando seguida por um substantivo (*The confused boy...*).

addicted: viciado, dependente

appalled: chocado, horrorizado

ashamed: envergonhado

bad-tempered: mal-humorado, genioso

balanced: equilibrado

bearded: barbudo, barbado

blue-eyed: que tem olhos azuis

bored: entediado

clogged: obstruído, congestionado

confused: confuso

decaffeinated: descafeinado

deceased: falecido, morto

disgusted: enojado

freckled: sardento

laminated: plastificado, laminado

left-handed: canhoto

loaded: rico, carregado, bêbado

medium-sized: de tamanho médio

oval-shaped: ovalado, de forma oval

refined: refinado, requintado

retired: aposentado

skilled: hábil, competente

suited: apropriado, adequado

sun-tanned: bronzeado

surprised: surpreso

talented: talentoso

tattooed: tatuado

thrilled: entusiasmado, emocionado, feliz

troubled: preocupado, agitado, conturbado

worried: preocupado

Aumente o seu vocabulário em inglês

Sufixos

Ex. 08 - Complete utilizando palavras com o sufixo **ED**

01. They were not expecting to see me. They were quite _____ .

02. I was feeling _____ so I went for a walk along the beach.

03. They have been to Hawaii. That's why they look _____ .

04. She is a _____ girl with long red hair.

05. The little boy was _____ with his new toys.

06. The kitchen pipes were _____ so I had to call a plumber.

07. All my important documents are _____ .

08. Her _____ face was reddish after jogging for an hour.

09. He was very happy yesterday but today he looks _____ .

10. He is no longer taking drugs. Now he is _____ to gambling.

11. The _____ dining table looks beautiful here.

12. When it comes to dealing with children, she is very _____ .

13. They are _____ now and they are living in Florida.

14. He's a _____ old man who doesn't like to be around people.

15. I don't like _____ coffee. I prefer the regular kind.

16. These violent movies are not _____ to teenagers.

17. I was _____ to see how messy and dirty the house was.

18. They have a _____ summer house in the Hamptons.

19. The _____ was 87. He left a wife and three children.

20. Who is that _____ man with long hair talking to Maggie?

21. These scissors were specially designed for _____ people.

22. You look _____ . Is everything OK with you?

23. He is a _____ actor. One day he will be very famous.

24. You should be _____ to smoke in front of your children.

25. Now that he is _____ , he's going to buy a Mercedes.

Ricardo Bruschini

Sufixos

EE

Sufixo: acrescentado a verbos para formar substantivos.

Sentido: aquele que é ou executa uma determinada ação.

Comentário: Várias palavras com esse sufixo são traduzidas como **ado**, como, por exemplo, *adoptee* (adotado), *deportee* (deportado), *licensee* (licenciado), *refugee* (refugiado). Mas traduza *addressee* como destinatário, *escapee* como foragido e *trainee* como estagiário.

abductee: raptado, levado a força

absentee: ausente

addressee: destinatário

adoptee: adotado, alguém que foi adotado

amputee: aquele que teve um membro amputado

appointee: indicado, nomeado

attendee: participante, assistente

consignee: destinatário, consignatário

debauchee: devasso, depravado, debochado

deportee: deportado

detainee: preso, detido

devotee: devoto, seguidor

divorcee: mulher divorciada

draftee: alistado, recruta

employee: empregado

escapee: foragido

evacuee: evacuado

franchisee: franqueado

interviewee: entrevistado

lessee: locatário, arrendatário

licensee: licenciado

nominee: pessoa nomeada, candidato

patentee: titular de uma patente

payee: pessoa a quem se paga

refugee: refugiado

retiree: aposentado

returnee: repatriado

trainee: estagiário

trustee: curador, administrador

vaccinee: vacinado

Aumente o seu vocabulário em inglês

Sufixos

Ex. 09 - Complete utilizando palavras com o sufixo **EE**

01. They lived in _____ camps until the end of the civil war.

02. This is Mr. John Stevens, our new _____ He is from Miami.

03. He is a _____ who will soon move to Florida.

04. His first job was at a law firm as a _____ .

05. He's been dating a _____ who has two children.

06. The _____ was very sad to be sent back to his country.

07. According to some sources, the political _____ was tortured.

08. An Oscar _____ was sent to the hospital during the ceremony.

09. The letter wasn't delivered. The _____ doesn't live there anymore.

10. The _____ was caught two days later near his girlfriend's house.

11. As a _____ he has to follow the rules established by the franchiser.

12. The _____ had problems to learn how to walk again.

13. The _____ was blindfolded and kept in a small room for three days.

14. He was the only _____ who refused to leave voluntarily.

15. The _____ refused to answer questions about his divorce.

16. His money will be controlled by a _____ until he reaches

17. The _____ got his check and paid all his debts with it.

18. As a member of this _____ , I say no to this proposal.

19. He is an _____ who doesn't want to know about his biological parents.

20. There was just one _____ from Taiwan at the conference.

21. This year, the _____ is a professor from Harvard.

22. She is a _____ of Woody Allen and his movies.

23. The lessor and the _____ got along really well since day one.

24. The _____ to the new position is a man from Brussels.

25. The _____ couldn't be there because of a strike.

EN

Sufixo: acrescentado principalmente a adjetivos para formar verbos.

Sentido: passar a ser; tornar; fazer ter qualidade específica.

Comentário: Este sufixo é muito usado com adjetivos para formar verbos, que foi o que tratamos neste livro. Ele também é acrescentado a alguns verbos para formar o particípio passado, como, por exemplo, *broken, chosen, spoken, stolen* e alguns outros. Além do mais, teremos adjetivos formados com esse sufixo: *golden* (dourado, de ouro), *wooden* (de madeira), *woolen* (de lã) etc.

blacken: pretejar, enegrecer

brighten: ficar brilhante, clarear

broaden: alargar, estender

cheapen: baratear

darken: escurecer

deafen: ensurdecer

flatten: aplainar, nivelar

freshen: refrescar, renovar

frighten: amedrontar

harden: endurecer

lessen: diminuir, reduzir

loosen: afrouxar

quicken: apressar, acelerar

quieten: calar, ficar quieto

sadden: entristecer

sharpen: afiar, amolar

shorten: encurtar, diminuir

sicken: ficar doente, adoecer

soften: tornar macio, amaciar

stiffen: endurecer, firmar

straighten: endireitar, tornar reto

sweeten: adoçar, adocicar

thicken: engrossar, tornar espesso

threaten: ameaçar, intimidar

tighten: apertar

toughen: endurecer, fortalecer

weaken: enfraquecer

whiten: branquear, clarear

widen: alargar, ampliar

worsen: piorar

Sufixos

Ex. 10 - Complete utilizando palavras com o sufixo **EN**

01. Her muscles _____ when the nurse injected the vaccine.

02. Instead of using sugar, you can _____ your fruit salad with honey.

03. In this neighborhood, sometimes people _____ us with knives.

04. You can _____ your teeth by using this new toothpaste.

05. I brought these pants here because I want you to _____ them.

06. The students _____ whenever the principal comes in.

07. The lack of calcium can _____ your bones.

08. She opened the windows to _____ the air of the smoky room.

09. Her eyes _____ when he popped the question.

10. The price of winter clothes will _____ after January.

11. He learned how to _____ his shoes when he was five years old.

12. The noise was so loud I thought it would _____ us.

13. To keep your teeth from _____ , you shouldn't drink coffee.

14. Don't talk so loud or you'll _____ the baby.

15. _____ your back. I want to see how tall you are.

16. If you don't see a doctor soon, your health will _____ .

17. I'm spending three months in Europe to _____ my horizons.

18. When he is alone in his the office, he likes to _____ his tie.

19. Cement _____ very quickly once you mix it with water.

20. You can _____ the chances of a heart attack by exercising regularly.

21. If we want to get there on time, we must _____ the pace.

22. It _____ me when I hear that a friend is getting divorced.

23. This knife is blunt so I would like you to _____ it.

24. Father O'Malley _____ and in four months, he was dead.

25. When you wash your clothes, use this product to _____ them.

56   Ricardo Bruschini

ENCE

Sufixo: usado para formar substantivos.

Sentido: indica ação, estado ou qualidade.

Comentário: O equivalente a esse sufixo no português é **ência**. Isso vale para quase todas as palavras. Veja um caso onde isso não ocorre: a palavra *difference* é traduzida como diferença.

adolescence: adolescência

audience: audiência, plateia

coincidence: coincidência

conference: conferência

confidence: confiança, confidência

conscience: consciência

consequence: consequência

convalescence: convalescência, restabelecimento

convenience: conveniência

difference: diferença

disobedience: desobediência

evidence: evidência

existence: existência

experience: experiência

impotence: impotência

incompetence: incompetência

independence: independência

influence: influência

innocence: inocência

insistence: insistência

intelligence: inteligência

interference: interferência

negligence: negligência

opulence: opulência, fartura, riqueza

patience: paciência

preference: preferência

prudence: prudência

residence: residência

turbulence: turbulência

violence: violência

Aumente o seu vocabulário em inglês

Sufixos

Ex. 11 - Complete utilizando palavras com o sufixo **ENCE**

01. If we don't stop this _____ , more people will be killed.

02. A teacher should have limitless _____ .

03. The _____ was not very enthusiastic about the play.

04. The police didn't find any _____ that he was guilty.

05. As a _____ of heavy smoking, he is very sick now.

06. She's a bright girl. All her teachers admire her _____ .

07. Because of his _____ , he managed to avoid the accident.

08. Kate is very proud of her financial _____ .

09. Dr. Morton won't be able to attend the _____ tomorrow.

10. His marriage of _____ didn't last more than two years.

11. She has a lot of _____ in the real estate business.

12. The moon has some kind of _____ on the tides.

13. What a _____ . Both our sons were born on the same day.

14. His alleged _____ has not been proved yet.

15. Their life of _____ and luxury is over. They've gone bankrupt.

16. I can't tell you because she told me in _____ .

17. The Prime Minister's official _____ is at 10 Downing Street.

18. Please, fasten your seat belts. We'll have some _____ ahead.

19. Because of my father's _____ , I decided to go to college.

20. All witnesses said the accident was caused by _____ .

21. _____ is the reason why he is grounded.

22. After a long period of _____ , she is back to work.

23. Thanks to the police's _____ , the hostage was released.

24. Since the Viagra, _____ is no longer a big problem.

25. _____ is a very difficult time for some kids.

58   Ricardo Bruschini

Sufixos

ER

Sufixo: acrescentado em verbos para formar substantivos.

Sentido: aquele ou aquilo que faz; aquele que é de um país ou cidade.

Comentário: Adicionando esse sufixo a verbos, eles se tornarão substantivos. Tais palavras dirão o que alguém ou alguma coisa faz. É particularmente importante mencionar esse sufixo no que diz respeito à pronúncia. Ele será pronunciado da mesma maneira que o sufixo da palavra *calculator*. Para mais detalhes, consulte o livro *Inglês sem sotaque*, deste autor, publicado pela Disal Editora. Embora não tenha mencionado no tópico, **er** aparece também em comparações, normalmente em adjetivos com até duas sílabas.

admirer: admirador

attacker: atacante, agressor

banker: banqueiro

beginner: iniciante, principiante

cashier: caixa (de loja, supermercado)

dancer: dançarino

eraser: borracha

founder: fundador

gambler: jogador

golfer: jogador de golfe

killer: assassino, matador

lawyer: advogado

locker: armário

Londoner: londrino, de Londres

manager: gerente

miner: mineiro

New Zealander: neo-zelandês

owner: dono, proprietário

painter: pintor

plumber: encanador

printer: impressora

producer: produtor

singer: cantor

sprinkler: irrigador, regador

swimmer: nadador

teacher: professor

waiter: garçom

winner: vencedor

writer: escritor

zipper: zipper, fecho de correr

Aumente o seu vocabulário em inglês

Sufixos

Ex. 12 - Complete utilizando palavras com o sufixo **ER**

01. I work as a _____ in an Italian restaurant.

02. The garden looks nice because of the new _____ we got.

03. The _____ asked if I was going to use my credit card.

04. Frank Sinatra was a very popular _____ during the 1950's.

05. The students said she was the best _____ they have ever had.

06. Shakespeare was an English _____ whose plays are still famous.

07. The _____ of this car must remove it from here now.

08. He was a coal _____ in Wales before he decided to be an actor.

09. He is a famous film _____ in Hollywood.

10. If you make any mistakes, use your _____ and correct them.

11. He is a very rich and successful _____ from London.

12. Tiger Woods is the best _____ of the United States.

13. Was Lee Oswald the real _____ of President John Kennedy?

14. He is the sales _____ of the southern area of the country.

15. That was the third letter she got from her secret _____ .

16. Her _____ will take care of all her legal matters.

17. He was a good _____ so he could save the drowning man.

18. Considering he is a _____ , he played really well.

19. Fred Astaire and Gene Kelly were wonderful tap _____ .

20. She is the _____ of the company along with her brother.

21. He is a compulsive _____ . He goes to Las Vegas at least once a month.

22. I am sure he has killed his _____ in self-defense.

23. Salvador Dali was a very creative and talented _____ .

24. We had to call a _____ because of a leak in the bathroom.

25. The _____ of the tournament got a nice trophy.

60   Ricardo Bruschini

Sufixos

ERY

Sufixo: acrescentado para formar substantivos e mais raramente, adjetivos.

Sentido: dá qualidade ou condição; lugar onde algo específico acontece.

Comentário: Algumas palavras terão seu final em **aria**, como, por exemplo, *artillery* (artilharia), *distillery* (destilaria), *perfumery* (perfumaria) ou ainda *refinery* (refinaria). Porém, muitas outras são traduzidas de forma diferente: *bravery* (bravura), *shivery* (tremor) ou *tannery* (curtume).

adultery: adultério

archery: arco e flecha

artillery: artilharia

bakery: padaria

bravery: bravura, coragem, valentia

brewery: cervejaria

bribery: suborno

butchery: matadouro, ofício de açougueiro

buttery: amanteigado

cutlery: talheres, faqueiro

delivery: entrega, expedição

discovery: descoberta

distillery: destilaria

flowery: florido

forgery: falsificação

machinery: maquinário, maquinaria

mockery: zombaria

nursery: creche

perfumery: perfumaria

pottery: cerâmica, olaria

recovery: recuperação, restabelecimento

refinery: refinaria

robbery: assalto, roubo

savagery: selvageria

scenery: cenário, paisagem

shivery: tremor, estremecimento

silvery: prateado, que contém prata

slavery: escravidão

surgery: cirurgia

tannery: curtume

Aumente o seu vocabulário em inglês

Sufixos

Ex. 13 - Complete utilizando palavras com o sufixo **ERY**

01. He received a medal for _____ during the Gulf War.

02. This kind of _____ is imported from the United States.

03. She put the flowers in the vase she made in _____ class.

04. That _____ sells the best bread in town.

05. A Dutch _____ was sold to an American company yesterday.

06. They have treated the prisoners with great _____ .

07. The _____ of the bank took place in broad daylight.

08. After the accident, her _____ body was covered with blood.

09. The American _____ team won a gold medal at the Olympics.

10. The _____ of penicillin occurred by accident.

11. His brain _____ was a success and he is doing fine now.

12. She served us some _____ biscuits that were delicious.

13. An oil _____ was bombed in Iraq yesterday morning.

14. I take my son to a _____ and pick him up at the end of the day.

15. Her _____ from the kidney operation was fantastic.

16. By the light of the _____ moon, we kissed for the first time.

17. The _____ of my new furniture will be made tomorrow.

18. The reason for the _____ is always the same: his big ears.

19. After he committed _____ , his wife decided to divorce him.

20. People at the museum said the Picasso painting is a _____ .

21. He spent a whole day visiting a whisky _____ near Glasgow.

22. After a lot of pressure, _____ was abolished.

23. Is _____ the place where they make leather?

24. Don't travel at night because you can't admire the _____ .

25. He was accused of _____ and corruption.

Ricardo Bruschini

Sufixos

ESS

Sufixo: acrescentado em palavras para formar substantivos.

Sentido: do gênero feminino.

Comentário: Acrescentamos **ess** em substantivos para mudarmos o gênero da palavra. Muitas dessas palavras não são muito usadas nos dias de hoje. Muitas atrizes referem-se a si mesmas como *actors*. Dificilmente uma autora vai ser chamada de *authoress*.

actress: atriz

adulteress: adúltera

authoress: autora

baroness: baronesa

benefactress: benfeitora

countess: condessa

duchess: duquesa

empress: imperatriz

enchantress: maga, bruxa

giantess: giganta

goddess: deusa

governess: governanta

heiress: herdeira

huntress: caçadora

Jewess: judia

lioness: leoa

manageress: administradora, gerente

marchioness: marquesa

millionairess: milionária

mistress: amante, senhora, patroa

princess: princesa

proprietress: proprietária

schoolmistress: professora

sculptress: escultora

seamstress: costureira

seductress: sedutora

sorceress: feiticeira, bruxa

stewardess: aeromoça

tigress: tigresa

waitress: garçonete

Aumente o seu vocabulário em inglês

Sufixos

Ex. 14 - Complete utilizando palavras com o sufixo **ESS**

01. The _____ did everything she could to protect the cubs.

02. The money was donated by a _____ who remained anonymous.

03. Casey Johnson, the _____ to the J & J fortune, died yesterday.

04. Our children love her. She's the best _____ we've ever had.

05. The _____ spilled some coffee over the passenger.

06. We tipped the _____ because the service was very good.

07. The duke was a funny man and the _____ was very charming.

08. She is beautiful and she can act too. She's a wonderful _____ .

09. Although he was married, he's had _____ for ten years.

10. Wouldn't you like to become a _____ one day, just like Kate?

11. I've read stories about giants but never about a _____ .

12. Do you know the difference between an _____ and a queen?

13. I don't know exactly what her title is, but I think she is a _____ .

14. The lion was not intimidated but the _____ ran away.

15. If I'm not mistaken, Diana was the _____ of the hunt.

16. His _____ wife has had many lovers along the years.

17. The count and the _____ are leaving tomorrow morning.

18. She is a skilled _____ . She can make three dresses a week.

19. She is now the _____ of a second establishment.

20. She plays the role of _____ who wants to marry a rich man.

21. We complained to the _____ about the horrible service.

22. The _____ has many of her works in important museums.

23. She is a _____ whose name is always on Forbes magazine.

24. The marquis was a good man but the _____ was hated by most people.

25. She was only 23 when the _____ wrote her first bestseller.

64   Ricardo Bruschini

EST

Comentário: Este sufixo é usado para formar o superlativo em adjetivos e advérbios normalmente de uma ou duas sílabas. Nem todas as palavras terminadas em **est** têm a ver com o superlativo, já que para isso é necessário ser um adjetivo. As palavras a seguir não têm qualquer relação com o superlativo: *contest, forest, interest, request, southwest, suggest.*

FUL

Sufixo: acrescentado em substantivos para formar adjetivos.

Sentido: cheio de; que tem uma qualidade específica.

Comentário: Ful também se refere a quantidade. A quantidade é a que cabe no que foi mencionado. Por exemplo, no caso de *spoonful*, a quantia é a que cabe em uma colher. Não tratamos do sufixo **ful** neste sentido. O sufixo **oso** em português é muito comum quando traduzimos algumas palavras. Esse é o caso de *careful* (cuidadoso), *fruitful* (proveitoso), *shameful* (vergonhoso), *thoughtful* (atencioso) etc.

beautiful: bonito

careful: cuidadoso

cheerful: alegre, contente

colorful: colorido, vivo

delightful: agradável, encantador, prazeroso

faithful: fiel

forgetful: esquecido

fruitful: proveitoso

graceful: gracioso, elegante

harmful: prejudicial, nocivo

hopeful: esperançoso

joyful: alegre, jovial

meaningful: significativo

merciful: piedoso

painful: doloroso

peaceful: pacífico, calmo

playful: brincalhão

powerful: poderoso

respectful: respeitoso

shameful: vergonhoso

sinful: pecaminoso

stressful: estressante

successful: bem-sucedido

tactful: diplomático, delicado

tasteful: saboroso, gostoso

tearful: choroso

thankful: grato, agradecido

thoughtful: atencioso

useful: útil

wonderful: maravilhoso

Aumente o seu vocabulário em inglês

Sufixos

Ex. 15 - Complete utilizando palavras com o sufixo **FUL**

01. Her _____ clothes draw a lot of attention to her.

02. Rio is the most _____ city in the world.

03. She was always _____ when she was around children.

04. She has always thought of him as a _____ husband.

05. I had a great time. Thanks for the _____ evening.

06. He is very _____ . He never remembers where his keys are.

07. I was _____ about getting that job.

08. Getting married was a _____ moment in my life.

09. He talks to his mother in a very _____ way.

10. Presidents are usually very _____ people.

11. She was resting in a _____ and relaxed way.

12. Steven Spielberg is the most _____ director in Hollywood.

13. It was very _____ of you to call me on my birthday.

14. The wedding gift she bought was _____ but not expensive.

15. Ballet dancers move in such a _____ way, don't they?

16. In England, you have to be extra _____ when you drive.

17. He is a very _____ person and so is his father.

18. Her husband's death was a _____ moment in her life.

19. I must admit I have _____ thoughts whenever I see her.

20. Working in a hospital can be very _____ .

21. This gadget is really _____ in the kitchen.

22. The meeting was _____ and we decided a lot of things.

23. Her eyes were a bit _____ after watching *Titanic*.

24. Eating greasy food is _____ to your health.

25. We had a _____ weekend in New York City.

Ricardo Bruschini

Sufixos

IAN

Sufixo: acrescentado em substantivos para formar adjetivos e substantivos.

Sentido: que faz parte de um lugar, grupo ou tipo; aquele que faz algo.

Comentário: Este sufixo não segue um padrão. Algumas vezes ele será traduzido como **ano**, como em *Tanzanian* (tanzaniano), *Tunisian* (tunisiano), *Haitian* (haitiano) ou *Australian* (australiano). Veja exemplos de como **ian** pode ser traduzido: *Argentinian* é traduzido como argentino, *Armenian* como armênio, *Norwegian* como norueguês ou ainda *geriatrician* como geriatra.

Arabian: árabe

Asian: asiático

authoritarian: autoritário, despótico

barbarian: bárbaro

beautician: esteticista

Brazilian: brasileiro

Canadian: canadense

Caucasian: caucasiano

Christian: cristão

civilian: civil

comedian: comediante

dalmatian: dálmata

electrician: eletricista

equestrian: cavaleiro, hípico, equestre

Freudian: freudiano

guardian: guardião, tutor

Hungarian: húngaro

Indian: indiano

magician: mágico, mago

Martian: marciano

musician: músico

obstetrician: obstetra

optician: oculista

pedestrian: pedestre

Persian: persa

politician: político

Scandinavian: escandinavo

Serbian: sérvio

technician: técnico

Victorian: vitoriano

Aumente o seu vocabulário em inglês

Sufixos

Ex. 16 - Complete utilizando palavras com o sufixo **IAN**

01. Do you think _____ angels are able to protect you?

02. The _____ said abracadabra and made the rabbit disappear.

03. Don't you think Steve Martin is a wonderful _____?

04. Prince Charles is a very skilled _____

05. A _____ got sick before the concert started.

06. If you want to have good horses, you should get _____ ones.

07. Thailand is a beautiful and fascinating _____ country.

08. I wonder why everybody says _____ creatures are green.

09. Tandoori chicken is a delicious _____ dish.

10. The regime in Cuba is _____ and many people fight it.

11. My eyes are not OK. I need to see an _____

12. Don't you think _____ rugs are extremely beautiful?

13. A _____ was run over by a taxi this morning.

14. The person who was killed is a blue-eyed _____ .

15. Two soldiers and a _____ were killed last night.

16. A _____ attack took place yesterday in Baghdad.

17. Ipanema is a famous _____ beach in Rio de Janeiro.

18. Celine Dion is a very popular _____ singer.

19. The _____ fixed the fuse box in less than fifteen minutes.

20. She is a _____ in a famous Beverly Hills beauty salon.

21. Budapest is a wonderful _____ city with lots of places to see.

22. The Bible is the holy book of the _____ religion.

23. A _____ is a big white dog with black spots.

24. They live in a lovely _____ house in Kent.

25. Is Sweden one of the _____ countries?

Ricardo Bruschini

Sufixos

IBLE

Sufixo: usado em verbos para formar adjetivos.

Sentido: que pode ser.

Comentário: O equivalente a **ible** em português é **ível**. Veja que na palavra *responsible* o equivalente em português é responsável. Também a palavra *collectible* muda um pouco e fica colecionável.

accessible: acessível

admissible: admissível

audible: audível

collectible: colecionável

comprehensible: compreensível, abrangente

convertible: conversível, possível de se converter

corruptible: corruptível

divisible: divisível

edible: comível, comestível

eligible: elegível, qualificado, habilitado

fallible: falível

flexible: flexível

horrible: horrível

incompatible: incompatível

incorrigible: incorrigível

incredible: incrível

indestructible: indestrutível

invincible: invencível

irresistible: irresistível

legible: legível

perceptible: perceptível

plausible: plausível

possible: possível

responsible: responsável

reversible: reversível

sensible: sensível

susceptible: suscetível

tangible: tangível

terrible: terrível

visible: visível

Aumente o seu vocabulário em inglês

Sufixos

Ex. 17 - Complete utilizando palavras com o sufixo **IBLE**

01. Germs are not _____ to the naked eye.

02. He thinks he is _____ to women, but he is just pretentious.

03. Isn't vasectomy _____ nowadays?

04. If you need good advice, ask a _____ person.

05. This system is _____ so we'd better find another one.

06. I have a _____ schedule so I can be there at 11:00 o'clock.

07. The story you have just told us is absolutely _____!

08. Do you know why doctors don't have _____ handwriting?

09. This gadget seems _____ . I've had it for more than ten years.

10. Her excuse was _____ but her boss didn't believe her.

11. You can talk to him anytime you want. He is very _____ .

12. His lawyer claimed he was not _____ for his acts.

13. Cassius Clay was _____ in the beginning of his career.

14. He has just bought a beautiful _____ Beetle.

15. This little fruit is _____ but the taste is awful.

16. The taste of this fish is _____ . I don't want to eat it.

17. A prime number is only _____ by itself.

18. They fight so much because they are _____ .

19. The flaw was _____ but the price was so good that I bought it.

20. He doesn't want to see his ex-wife and that's _____ .

21. Is this the only _____ way to solve this problem?

22. People don't realize how _____ they are to advertising.

23. I didn't vote for him because I think he is weak and _____ .

24. The explosion was _____ for many miles.

25. He is not _____ to enter the program, because he is under 18.

Ricardo Bruschini

Sufixos

IC

Sufixo: usado em substantivos para formar adjetivos.

Sentido: que tem relação com.

Comentário: Este sufixo, na grande maioria das vezes, é traduzido como **ico**. É claro que há exceções, que são muito poucas, como na palavra *optimistic*, que é traduzida como otimista ou *terrific*, que é fantástico, maravilhoso, excelente.

alcoholic: alcoólico

aristocratic: aristocrático

artistic: artístico

athletic: atlético

catastrophic: catastrófico

chaotic: caótico

charismatic: carismático

climatic: climático

democratic: democrático

dramatic: dramático

erotic: erótico

fanatic: fanático

futuristic: futurístico

heroic: heroico

historic: histórico

lunatic: lunático

melodic: melódico

neurotic: neurótico

optimistic: otimista

photographic: fotográfico

pornographic: pornográfico

problematic: problemático

realistic: realístico

romantic: romântico

scientific: científico

strategic: estratégico

telepathic: telepático

therapeutic: terapêutico

tragic: trágico

traumatic: traumático

Aumente o seu vocabulário em inglês

Sufixos

Ex. 18 - Complete utilizando palavras com o sufixo **IC**

01. The end of the movie was _____ , which made some people cry.

02. Some of the buildings in this area have a _____ design.

03. They are in Costa Rica on a _____ project.

04. His _____ action saved the life of two children.

05. She is a talented and _____ young actress.

06. I like it when she sings, for her voice is so _____ .

07. The book shows many _____ paintings of the 18th century.

08. He is a fitness _____ . He goes to the gym every day.

09. I like to carry some of my _____ equipment with me.

10. He behaves like a _____ when he watches soccer games on TV.

11. This is the most famous _____ building of the city.

12. This _____ traffic drives me crazy.

13. I think her vision of the future is not very _____ .

14. I believe that people from _____ countries are happier.

15. Due to _____ reasons, the tournament was called off.

16. The eruption of volcanoes can be _____ to some areas.

17. She comes from a wealthy and _____ background.

18. Going to a spa would be very _____ for you right now.

19. _____ communication will be very common in the future.

20. The doctor forbade me to have any kind of _____ beverages.

21. They spent a very _____ weekend in Venice.

22. After a _____ divorce, she says she won't get married again.

23. I am _____ about winning the soccer championship.

24. They have found some _____ material in his locker.

25. Woody Allen always plays the part of a _____ character.

72   Ricardo Bruschini

Sufixos

IFY

Sufixo: usado para formar verbos.

Sentido: fazer, tornar.

Comentário: O sufixo **ify** ou **fy** é equivalente a **ificar**. Mas isso não vale para todas as palavras com esse sufixo. *Horrify* é traduzido como horrorizar ou amendrontar; *satisfy* é traduzido como satisfazer. O verbo liquidificar pode ser escrito de duas formas diferentes: *liquefy* ou *liquify*. Já o verbo putrefazer ou apodrecer é escrito de uma só maneira: *putrefy*.

amplify: amplificar

certify: certificar

clarify: esclarecer, elucidar

classify: classificar

disqualify: desclassificar, desqualificar

diversify: diversificar

electrify: eletrificar

exemplify: exemplificar

falsify: falsificar

glorify: glorificar

horrify: horrorizar

identify: identificar

intensify: intensificar

justify: justificar

modify: modificar, alterar

mortify: mortificar

mystify: mistificar

notify: notificar

pacify: pacificar

personify: personificar

purify: purificar

quantify: quantificar

satisfy: satisfazer

simplify: simplificar

solidify: solidificar

specify: especificar

terrify: apavorar, aterrorizar

testify: testemunhar

unify: unificar, unir

verify: verificar

Aumente o seu vocabulário em inglês

Sufixos

Ex. 19 - Complete utilizando palavras com o sufixo **IFY**

01. He always tried to _____ his sister with snakes.

02. In some religions, a bath is a way to _____ you.

03. Due to extreme low temperatures, some lakes _____ in the winter.

04. She needs to _____ her eating habits in order to lose weight.

05. Is there anybody here who could _____ the body?

06. The witness is afraid to _____ on the murder case.

07. I don't need to _____ all my actions to you.

08. He tries to _____ his wife but she is never happy.

09. It is still difficult to _____ how many people died.

10. If you can't hear at the back of the room, we can _____ the sound.

11. You have to _____ them according to their size and color.

12. When you _____ , it's easier to make people understand.

13. I have some doubts that I would like to _____ with you.

14. The attempt to _____ most of Europe was successful.

15. It would be wise to _____ the fence around your house.

16. I need to _____ if your name is on the guest list.

17. You need to _____ what you want me to buy for you.

18. It did _____ me to hear the way he was killed.

19. They want to _____ and develop other products.

20. This is to _____ that you attended the course.

21. Could you _____ it? It's too complicated the way it is.

22. I heard they will _____ the winner after the anti-doping test.

23. I think you should _____ your studies for the final tests.

24. I believe they have tried to _____ the documents.

25. We must _____ the police about the murder.

Sufixos

ING

Sufixo: acrescentado em verbos para formar adjetivos ou o gerúndio.

Sentido: atividade; resultado de atividade.

Comentário: Neste exercício, as palavras terminadas em **ing** serão adjetivos ou substantivos. Portanto, não têm relação com o *present continuous*, que necessita do verbo *to be* mais um outro verbo com **ing**, portanto dois verbos. Note o exemplo a seguir: *He is boring*. Temos apenas um verbo, que é *to be*, mais uma palavra com **ing**, *boring*, que é adjetivo e não verbo.

beginning: começo, princípio

blessing: bênção, dádiva

breathing: respiração

building: edifício, prédio

corresponding: correspondente

crying: choro

demanding: exigente

drawing: desenho, sorteio

drinking: bebida, consumo de álcool, ação de beber

drowning: afogamento

feeling: sentimento, sensação

finding: descoberta

fishing: pesca

following: seguinte, subsequente

hunting: caça, caçada

killing: matança, morte

landing: pouso, aterrissagem

meaning: significado

meeting: reunião, encontro

mining: mineração

missing: desaparecido, perdido

painting: pintura, quadro, tela

provoking: provocante

running: corrida

spelling: ortografia, grafia certa

swimming: natação

teaching: ensino, instrução

tiring: cansativo, extenuante

touching: comovente, tocante

warning: aviso, advertência

Aumente o seu vocabulário em inglês

Sufixos

Ex. 20 - Complete utilizando palavras com o sufixo **ING**

01. That _____ looks fantastic on that wall.

02. His _____ was so loud it woke up his brother.

03. Her boss is a very _____ man.

04. She always wears _____ clothes.

05. The _____ documents were found two days later.

06. My school focuses on the _____ of art.

07. He needs to read more. He's made several _____ mistakes.

08. Do you know the _____ of the word 'obnoxious'?

09. Is Michael Phelps still part of the U.S. _____ team?

10. Father O'Malley always ends the mass with a _____ .

11. The _____ will take place on the first floor.

12. He loves to fish. He has a wonderful _____ boat.

13. He works for a South African _____ company.

14. Our plane made an emergency _____ in London.

15. He went to Chicago and came back the _____ day.

16. My office is in a nice _____ on Lexington Avenue.

17. The _____ of the movie was nice, but the end was boring.

18. I have the _____ we are going to win the game.

19. He put on his _____ shoes and went jogging.

20. His _____ of a naked woman was taken to the principal.

21. This new _____ might cure cancer.

22. Match the questions with the _____ answers.

23. She had a _____ problem so she went to an AA meeting.

24. He works ten hours a day. It is very _____ .

25. The ceremony was beautiful and _____ .

ISH

Sufixo: acrescentado em substantivos para formar adjetivos.

Sentido: relativo a, característico de, que tem a qualidade de, pertencente a.

Comentário: Esse sufixo não tem um equivalente em português, e não tem um padrão na tradução. Por exemplo, *babyish* é traduzido como infantil, *prudish* como pudico, *Turkish* como turco e *whitish* como esbranquiçado.

amateurish: amadorístico, de forma amadora

babyish: infantil

bearish: rude, grosseiro

blackish: enegrecido

bookish: estudioso

boyish: de menino, como menino

brownish: amarronzado, acastanhado

brutish: bruto, rude

childish: infantil, imaturo

English: inglês

feverish: febril

fiendish: diabólico, demoníaco

foolish: tolo, insensato

freakish: esquisito, excêntrico

grayish: acinzentado

greenish: esverdeado

largish: bastante grande

mannish: masculino, viril

moreish: comida saborosa e que faz querer comer mais

newish: quase novo

oldish: relativamente velho

pinkish: róseo, rosa pálido

prudish: recatado, pudico

reddish: avermelhado

selfish: egoísta

shortish: relativamente curto

snobbish: esnobe, arrogante

stylish: estiloso, na moda, de bom gosto

Turkish: turco

whitish: esbranquiçado, claro

Sufixos

Ex. 21 - Complete utilizando palavras com o sufixo **ISH**

01. It was _____ of you not to accept that job in London.

02. He is forty-one, but he still has a _____ look on his face.

03. She can be a bit _____ , but she is a nice woman.

04. When I noticed the sky looked _____ , I got my umbrella.

05. He looked a bit _____ so all the kids made fun of him.

06. She is a _____ girl, but she likes to party too.

07. His _____ bulk is perfect for the role of a barbarian.

08. She has got _____ blue eyes and long blond hair.

09. The living room was very _____ and extremely spacious.

10. The house was _____ , but not big enough for my family.

11. This cheesecake is _____ . I think I'll have another piece.

12. When she returned from Hawaii, her skin was kind of _____ .

13. As a child, he was _____ and never shared his toys with the other kids.

14. The older kids thought the game was too _____ for them.

15. The movie is _____ so we can have dinner afterwards.

16. In *Sleeping with the Enemy*, the _____ husband dies in the end.

17. Even with this new _____ haircut, she looks attractive.

18. Although the house is _____ , we intend to buy it.

19. He had _____ marks all over his body and face.

20. She was _____ yesterday so she didn't go to work.

21. They were horrified by the _____ attack at the school.

22. People think she is _____ just because she hates porn.

23. That _____ thing moving made us think it was a ghost.

24. Although she is twenty, sometimes she has a _____ behavior.

25. She looked very attractive in that _____ sweater.

ISM

Sufixo: acrescentado em palavras para formar substantivos.

Sentido: descreve crenças sociais, políticas ou religiosas ou comportamento.

Comentário: Nessas palavras o sufixo **ism** terá o equivalente a **ismo** no português. O que vale a pena comentar é a pronúncia de **ism**, que deve ser pronunciado como algo parecido com "ízam". Consulte o livro *Inglês sem sotaque*, deste autor, para mais detalhes de pronúncia. Note que a palavra fanatismo em inglês é ligeiramente diferente: *fanaticism*.

alcoholism: alcoolismo

antagonism: antagonismo

Catholicism: catolicismo

colonialism: colonialismo

euphemism: eufemismo

expansionism: expansionismo

fanaticism: fanatismo

feminism: feminismo

heroism: heroísmo

imperialism: imperialismo

impressionism: impressionismo

journalism: jornalismo

mechanism: mecanismo

metabolism: metabolismo

nationalism: nacionalismo

negativism: negativismo

nepotism: nepotismo

nudism: nudismo

optimism: otimismo

professionalism: profissionalismo

racism: racismo

sadism: sadismo

sensationalism: sensacionalismo

sexism: sexismo

socialism: socialismo

symbolism: simbolismo

terrorism: terrorismo

tourism: turismo

vandalism: vandalismo

voyeurism: voyeurismo

Sufixos

Ex. 22 - Complete utilizando palavras com o sufixo **ISM**

01. _____ is one of Spain's main sources of income.

02. His _____ led him to commit some illegal acts.

03. Some years ago, _____ was a serious problem in South Africa.

04. She got a promotion due to her _____ and competence.

05. It seems that the fight against _____ will be very long.

06. _____ is a movement that became stronger in the 1960's.

07. Some people see with _____ the fight against drug dealers.

08. Your _____ will get slower as you grow old.

09. You write well, so why not choose _____ as a career?

10. His son works for him so he was accused of _____ .

11. _____ can destroy your life if you don't look for help.

12. In many secluded beaches _____ is acceptable in some countries.

13. Once you understand its _____ , it is very easy to operate it.

14. Due to _____ , women don't make as much money as men.

15. Many acts of _____ occurred during the riot.

16. _____ will not help us win the championship. Come on, be positive.

17. _____ is the main religion in Latin America.

18. Because of his _____ during the war, he received a medal.

19. Don't you think there is a lot of _____ in the Bible?

20. _____ and scandals sell a lot of newspapers nowadays.

21. I think 'restroom' is an _____ for bathroom.

22. I noticed a certain _____ between the two actresses.

23. The Marquis de Sade was known for his _____ .

24. I think the word _____ is French, isn't it?

25. Those colonies were the result of the _____ of the British empire.

80   Ricardo Bruschini

Sufixos

IST

Sufixo: usado para formar substantivos e adjetivos.

Sentido: pessoa que estuda ou se aplica a; pessoa que faz; que lida com.

Comentário: Normalmente, o sufixo **ist** terá seu equivalente em português a **ista**, mas fique atento, pois há exceções. *Therapist* é terapeuta e *hypnotist* é hipnotizador. *Sexologist* é sexólogo e *pharmacist* é farmacêutico.

activist: ativista

artist: artista

bigamist: bígamo

capitalist: capitalista

cardiologist: cardiologista

cartoonist: cartunista

communist: comunista

dentist: dentista

dermatologist: dermatologista

economist: economista

exhibitionist: exibicionista

feminist: feminista

gynecologist: ginecologista

hypnotist: hipnotizador

illusionist: ilusionista

journalist: jornalista

medalist: medalhista, ganhador de medalha

moralist: moralista

naturist: naturista

nudist: nudista

pharmacist: farmacêutico

pianist: pianista

populist: populista

racist: racista

receptionist: recepcionista

specialist: especialista

tattooist: tatuador

terrorist: terrorista

therapist: terapeuta

tourist: turista

Aumente o seu vocabulário em inglês

Sufixos

Ex. 23 - Complete utilizando palavras com o sufixo **IST**

01. He is a very creative _____ and his paintings are very expensive.

02. I see my _____ three times a week.

03. Although his wife is black, he was accused of being a _____ .

04. You should do what an _____ said on TV: save money.

05. He has traveled the entire world working as a _____ .

06. Every summer I have to see my _____ due to skin problems.

07. A _____ is a person who enjoys wearing no clothes.

08. Before getting pregnant, she went to her _____ .

09. She is a bit of an _____ so she doesn't mind the nude scenes.

10. This is a _____ beach so don't worry about wearing a bikini.

11. He denied being involved with a _____ group.

12. I have to go to the _____ . I have a terrible toothache.

13. Just because he was Russian, people think he was a _____ .

14. She's been a _____ since she was a college student.

15. A _____ must be very careful with his or her hands.

16. She was a civil rights _____ during the 60's.

17. She got this year's Grammy for best female _____ .

18. He has two wives but he never uses the word _____ .

19. Who was the _____ who created Charlie Brown?

20. It is easy to spot a _____ because they always carry a camera and maps.

21. He doesn't like to be called a _____ but he loves money.

22. They say he is a _____ but I know he is having an affair.

23. His fear of flying was cured with the help of a _____ .

24. His heart was beating too fast so he went to his _____ .

25. The _____ told me the doctor would see me soon.

82   Ricardo Bruschini

Sufixos

ITION

Sufixo: acrescentado a verbos para formar substantivos.

Sentido: o processo ou o resultado de.

Comentário: A grande maioria das palavras terminadas com esse prefixo será traduzida como **ição**. São muito poucas as exceções. Algumas delas são: *proposition* (proposta) ou *coalition* (coalisão).

abolition: abolição

acquisition: aquisição

ambition: ambição

audition: teste, audição

coalition: coalizão, aliança

competition: competição

composition: composição

condition: condição

definition: definição

demolition: demolição

deposition: deposição, destituição, depoimento

edition: edição

exhibition: exibição, exposição

expedition: expedição

exposition: exposição

ignition: ignição

imposition: imposição

inhibition: inibição

intuition: intuição

nutrition: nutrição

petition: petição

position: posição

premonition: premonição

prohibition: proibição

proposition: proposta

repetition: repetição

superstition: superstição

supposition: suposição, dedução

tradition: tradição

transition: transição

Aumente o seu vocabulário em inglês

Sufixos

Ex. 24 - Complete utilizando palavras com o sufixo **ITION**

01. This _____ is not for actors. It is for dancers only.

02. This is a period of _____ . A lot of things will change.

03. The _____ of the old buildings will take place on the weekend.

04. All the members of the committee accepted the _____ .

05. This kind of celebration is a _____ in this part of the country.

06. Because of his _____ , he doesn't have a girlfriend.

07. The _____ of slavery meant a lot to my great-grandparents.

08. If you don't know what to do, trust your _____ .

09. The _____ of a copy machine would help us a lot.

10. He wrote a nice _____ but it had many spelling mistakes.

11. It's mere _____ but I think they are having an affair.

12. I need to learn more about _____ and improve my eating habits.

13. We all signed the _____ against the demolition of our old school.

14. He had a _____ of a car accident so he doesn't drive anymore.

15. The winner of the _____ will get a very nice trophy.

16. Raise your seats to the upright _____ and remain seated.

17. I don't agree with your _____ of the word democracy.

18. This _____ is temporary. You'll be able to fish here again next week.

19. This is a _____ . You don't take it seriously, do you?

20. According to the lawyer, his _____ didn't go very well.

21. There's an _____ of Peruvian art at the Metropolitan.

22. You are in no _____ to drive. You'd better get a taxi.

23. I used to love horses. My _____ was to become a jockey.

24. Dr. Fitzpatrick went on a scientific _____ to New Guinea.

25. I left the key in the _____ so I couldn't open the car.

Sufixos

ITY

Sufixo: acrescentado em adjetivos para formar substantivos.

Sentido: forma substantivos abstratos que se referem a estado ou qualidade.

Comentário: Em português, o sufixo **idade** equivale a **ity**. A grande maioria das palavras segue este padrão. Veja, porém, que a palavra *dexterity* é traduzida como destreza, *principality* é traduzida como principado, fugindo então do que acontece normalmente.

activity: atividade

adversity: adversidade

authenticity: autenticidade

authority: autoridade

brutality: brutalidade

calamity: calamidade

charity: caridade

creativity: criatividade

curiosity: curiosidade

dexterity: destreza, agilidade

electricity: eletricidade

familiarity: familiaridade

fatality: fatalidade

fidelity: fidelidade

formality: formalidade

generosity: generosidade

hospitality: hospitalidade

humidity: umidade

identity: identidade

insanity: insanidade

longevity: longevidade

maturity: maturidade

mentality: mentalidade

nationality: nacionalidade

necessity: necessidade

paternity: paternidade

personality: personalidade

publicity: publicidade

reality: realidade

vanity: vaidade

virginity: virgindade

Aumente o seu vocabulário em inglês

Sufixos

Ex. 25 - Complete utilizando palavras com o sufixo **ITY**

01. The accident was a _____ . It was not your fault.

02. When it comes to her children, she has no _____ .

03. She has great _____ with both hands.

04. I'll give these clothes to _____ . They no longer fit me.

05. The _____ of his informant was never revealed.

06. I think this is the kind of _____ our children will enjoy.

07. Oprah Winfrey is known for her _____ and intelligence.

08. She is funny, beautiful and she has a great _____ .

09. The Michael Jackson trial attracted a lot of negative _____ .

10. He has the _____ of a fifteen-year old kid.

11. Everybody was appalled by the _____ of the crime.

12. They don't consider sexual _____ something important.

13. Some art experts have questioned the _____ of the painting.

14. _____ is common in her family. Her father is 96 years old.

15. It was a _____ . The typhoon destroyed everything on its way.

16. Thanks for the _____ . We had a wonderful time.

17. He has a lot of _____ . Look how nice his paintings are.

18. Her _____ will get her into trouble some day.

19. She lost her _____ when she was seventeen years old.

20. Nobody knows his _____ but I think he's Dutch.

21. The _____ test was positive. He is officially the father of a boy.

22. The cabin was very nice but it had no _____ .

23. The _____ here is very different from European countries.

24. I really believe people can grow through _____ and hardship.

25. Although it is merely a _____ , please fill in this form.

86   Ricardo Bruschini

Sufixos

IVE

Sufixo: acrescentado principalmente a verbos para formar adjetivos.

Sentido: algo ou alguém que faz alguma coisa; que tem a capacidade de.

Comentário: Sufixo que equivale a **ivo** no português. Muitas palavras serão traduzidas seguindo esse padrão, mas poderá haver exceções, como na palavra *submissive*, que quer dizer submisso ou *effective*, que quer dizer eficaz.

active: ativo, vigoroso

addictive: viciador, que causa dependência

aggressive: agressivo, belicoso

competitive: competitivo

compulsive: compulsivo

conclusive: conclusivo, final

creative: criativo, inventivo

demonstrative: demonstrativo

destructive: destrutivo

effective: eficaz, eficiente

explosive: explosivo

impressive: impressionante, que impressiona

impulsive: impulsivo

informative: informativo

initiative: iniciativa

innovative: inovador, original

introspective: introspectivo

inventive: inventivo

investigative: investigativo

manipulative: manipulador, manipulatório

possessive: possessivo, controlador

productive: produtivo

progressive: progressista, progressivo

protective: protetor

provocative: provocativo, provocante

repetitive: repetitivo

repulsive: repulsivo, repugnante

submissive: submisso, obediente, dócil

supportive: solidário, que apoia

talkative: falante, falador

Aumente o seu vocabulário em inglês

Sufixos

Ex. 26 - Complete utilizando palavras com o sufixo **IVE**

01. My family was _____ when I told them I wanted to be an actor.

02. He is an ambitious and _____ young man.

03. We talked for two hours, but the meeting was not _____ .

04. If you have the flu, take this medicine. It is really _____ .

05. She is not a very _____ girl. I think she is shy.

06. For a man his age, he is very _____ and vigorous.

07. Do you know if the word 'this' is a _____ pronoun?

08. This folder is quite _____ so take one or two.

09. She was wearing a short and _____ red dress.

10. She is so _____ . She told has the same story over and over again.

11. Which is more _____ , smoking or drinking?

12. Salvador Dali was a very _____ and talented painter.

13. He received a life sentence for his _____ crime.

14. In a _____ gesture, he covered his head.

15. I have never seen such an _____ toy like this before.

16. He is shy and _____ but he can be sociable sometimes.

17. He is a _____ gambler and goes to Las Vegas once a month.

18. I want my children to go to a _____ school.

19. The autopsy was _____ : he died of a heart attack.

20. She has won the Oscar because of her _____ acting skill.

21. She has an _____ temper just like her father.

22. I think she will be the _____ kind of wife he's been looking for.

23. She's bought six pairs of shoes. She is very _____ .

24. Her lack of _____ made her lose the wonderful job she had.

25. In my sentence, I used a _____ pronoun.

Sufixos

IZE

Sufixo: acrescentado principalmente a adjetivos para formar verbos.

Sentido: tornar, passar a ser.

Comentário: Este sufixo é acrescentado para formar verbos e seu equivalente em português é **izar**. Há algumas exceções, como no verbo *criticize*, que é traduzido como criticar. É bom lembrar que, no inglês britânico, a escrita desse sufixo é diferente: **ISE**.

authorize: autorizar

centralize: centralizar

colonize: colonizar

commercialize: comercializar

criticize: criticar

economize: economizar

externalize: exteriorizar, expressar sentimentos

familiarize: familiarizar, conhecer

fantasize: fantasiar, imaginar

finalize: finalizar

generalize: generalizar

hypnotize: hipnotizar

immortalize: imortalizar

localize: localizar

memorize: memorizar

modernize: modernizar

minimize: minimizar

normalize: normalizar

organize: organizar

penalize: penalizar, punir

personalize: personalizar

realize: perceber, entender

recognize: reconhecer

socialize: socializar, sociabilizar

symbolize: simbolizar

terrorize: aterrorizar

tranquilize: tranquilizar

traumatize: traumatizar

verbalize: verbalizar

visualize: visualizar

Aumente o seu vocabulário em inglês

Sufixos

Ex. 27 - Complete utilizando palavras com o sufixo **IZE**

01. I am trying to figure out how to _____ his birthday party.

02. I think some political groups will _____ the new law.

03. He didn't _____ his dream of marrying a rich woman.

04. My boss didn't _____ me to give her a discount.

05. The new measures will _____ the effects on the economy.

06. The police were able to _____ the missing painting.

07. I think they will _____ the operation in London.

08. Some groups were trying to _____ the elderly.

09. They are going to _____ the animal before operating it.

10. He likes to _____ that some day he will be the president.

11. They prefer to _____ with much older couples.

12. It is difficult to _____ him because he doesn't relax easily.

13. I wanted to _____ how I felt but I just couldn't do it.

14. She was kidnapped last year and was _____ by the experience.

15. You can't _____ and say that every German is blond.

16. We have been trying to _____ our products in Asia.

17. He is learning how to _____ his emotions.

18. I didn't _____ her with her new haircut.

19. Can you _____ how your future will be like in 10 years?

20. Do you think one day we will _____ other planets?

21. The principal will _____ him for smoking in class.

22. He has to _____ the names of his new employees.

23. I think the flights between London and Paris will _____ soon.

24. If he wants to buy a new car, he needs to _____ .

25. The five circles _____ the five continents of the world.

90   Ricardo Bruschini

Sufixos

LESS

Sufixo: usado para formar adjetivos.

Sentido: a palavra a que foi acrescentado passa a ter sentido de *sem*.

Comentário: Acrescentamos **less** em substantivos que passam a ideia de **sem**. Por exemplo, *moneyless* quer dizer sem dinheiro. Não existe nada equivalente em português. Normalmente, temos que usar a palavra **sem** junto com o substantivo.

breathless: sem fôlego, esbaforido

careless: descuidado, negligente

childless: sem filhos

cloudless: sem nuvens, claro

countless: incontável, inúmero

effortless: sem esforço

endless: infindável, interminável

fearless: destemido

friendless: sem amigos

hairless: que não tem cabelos

harmless: inofensivo

homeless: que não tem casa, desabrigado, sem-teto

hopeless: sem esperança, desanimado

jobless: desempregado, sem emprego

lifeless: sem vida, inanimado, morto

meaningless: sem sentido, sem importância

moneyless: sem dinheiro

motionless: imóvel, inerte

nameless: sem nome, anônimo

needless: desnecessário, sem necessidade

painless: indolor

pointless: sem propósito, sem sentido

powerless: sem autoridade, fraco, impotente

priceless: inestimável, impagável

restless: impaciente, agitado, que não para quieto

sleepless: sem sono, com insônia

speechless: sem fala, mudo, atônito

tasteless: sem sabor, insosso, sem estética (mau gosto)

topless: com os seios descobertos

useless: inútil, desnecessário

Aumente o seu vocabulário em inglês

Sufixos

Ex. 28 - Complete utilizando palavras com o sufixo **LESS**

01. If you don't have a place to live you are _____ .

02. He is _____ right now, but he'll be working again very soon.

03. She ran for an hour and a half so she was _____ .

04. You are not afraid of anything so you are _____ .

05. He is absolutely broke so he is _____ .

06. My last relationship was really unimportant so it was _____ .

07. They have been married for 8 years but they are still _____ .

08. The surgery was _____ . That means I felt no pain.

09. The movie was so boring that it seemed _____ .

10. After four hours in the car, the kids began to get _____ .

11. It is _____ to try to find out who is going to win the championship.

12. She used to be a _____ dancer before she met her husband.

13. If you are _____ you are unable to speak.

14. I had some power over my students but now I am _____ .

15. He was _____ because of all the coffee he had drunk.

16. He was sitting there _____ , not moving a single muscle.

17. This work of art is unique, therefore it is _____ .

18. The food was _____ but quite expensive.

19. I can't tell you her name so let's say she is _____ .

20. My dog won't bite you. He is _____ .

21. The accident was caused by a _____ driver.

22. It was sad to see her body lying _____ on the street.

23. All his friends have moved away so now he is _____ .

24. On a _____ day like this, you should go to the beach.

25. I spent _____ hours working on my science project.

LY

Sufixo: acrescentado em palavras para formar advérbios.

Sentido: comó; da maneira mencionada; em períodos regulares de tempo.

Comentário: Temos o equivalente em português que é **mente**. As palavras se tornam advérbios de modo. Pode acontecer de **ly** formar adjetivos, embora seja muito pouco comum. Nesta parte, tratamos apenas dos advérbios.

casually: casualmente

completely: completamente

constantly: constantemente

daily: diariamente

definitely: definitivamente

easily: facilmente

exactly: exatamente

finally: finalmente

gladly: alegremente

happily: de forma feliz, alegremente

hardly: dificilmente, raramente

immediately: imediatamente

kindly: gentilmente

lately: ultimamente, recentemente

madly: loucamente

normally: normalmente

obviously: obviamente

probably: provavelmente

quickly: rapidamente

rarely: raramente

really: realmente, verdadeiramente

recently: recentemente

secretly: secretamente

seriously: seriamente

slowly: vagarosamente

specially: especialmente

temporarily: temporariamente

terribly: terrivelmente

usually: geralmente, normalmente

weekly: semanalmente

Aumente o seu vocabulário em inglês

Sufixos

Ex. 29 - Complete utilizando palavras com o sufixo **LY**

01. I _____ go to the movies on weekdays.

02. I am _____ sorry for being so late.

03. I _____ go to bed before eleven o'clock.

04. I've been very busy _____ but I'll call you tomorrow.

05. They are _____ happy living in Montreal.

06. He _____ offered to help her with the bags.

07. This place is fantastic, _____ when the flowers are blooming.

08. They are _____ complaining about the government.

09. He is _____ married now and he has two lovely daughters.

10. They are _____ in love and will get married pretty soon.

11. You have to take your job more _____ to get a promotion.

12. I haven't been able to see my friends _____ .

13. She has been seeing a married man _____ since May.

14. It will _____ rain at the end of the day.

15. When they _____ arrived, the party was over.

16. *Time* is a very popular _____ magazine.

17. He _____ denied he was having an affair.

18. When I recognized the suspect, I _____ called the police.

19. He _____ accepted the invitation to work for the government.

20. They have met _____ when they were shopping.

21. This is _____ wrong so I want you to do it all over again.

22. We have to walk _____ if we want to get there on time.

23. She is _____ the most beautiful woman I've ever seen.

24. Her phone will be _____ disconnected while she is away.

25. They are twin brothers but they don't look _____ the same.

MENT

Sufixo: acrescentado a verbos para formar substantivos.

Sentido: ação ou processo descrito pelo verbo ou seu resultado.

Comentário: Muitas vezes, **ment** é o equivalente a **mento** em português. Porém, nem todas as palavras seguirão este padrão. Observe que *arrangement* é arranjo, *agreement* é acordo ou contrato e *punishment* é punição.

adjustment: ajuste, adaptação

advertisement: anúncio, propaganda

agreement: acordo, contrato

appointment: compromisso, consulta

arrangement: arranjo, preparativo

commitment: compromisso, comprometimento

development: desenvolvimento

disappointment: desapontamento, decepção

embarrassment: embaraço, constrangimento

encouragement: encorajamento, incentivo, estímulo

engagement: compromisso, noivado

entertainment: entretenimento, diversão

equipment: equipamento

establishment: estabelecimento

excitement: excitação, entusiasmo

improvement: melhora, melhoria

investment: investimento

involvement: envolvimento

judgment: julgamento

management: gestão, gerenciamento, administração

measurement: medida, medição

movement: movimento

payment: pagamento

punishment: punição, castigo

refinement: requinte, refinamento, aperfeiçoamento

replacement: substituição, recolocação

requirement: requisito, exigência

retirement: aposentadoria

statement: declaração, pronunciamento, afirmação

treatment: tratamento

Aumente o seu vocabulário em inglês

Sufixos

Ex. 30 - Complete utilizando palavras com o sufixo **MENT**

01. Most of our camping _____ was bought yesterday.

02. Not getting a promotion was a great _____ to her.

03. The _____ they signed was to reduce the pollution.

04. She deserved her _____ . She is grounded for two weeks.

05. When she realized he was naked, she blushed with _____ .

06. The _____ they made was good for both of them.

07. I bought this house because I saw an _____ in the paper.

08. Their _____ party was last night at the Plaza Hotel.

09. I have an _____ with my dentist at three o'clock.

10. The _____ of the goods has to be made by tomorrow.

11. The _____ of poor countries is slower than ever.

12. I have reached the _____ age, but I will keep working.

13. If you want _____ , you should watch an Indiana Jones movie.

14. He said he had no _____ with drug dealers.

15. She got a lot of _____ from her parents to become an actress.

16. He lost part of the _____ of his arm in the accident.

17. Smoking in this _____ is forbidden.

18. My office needed some _____ , so I hired an architect.

19. It is going to be hard to find a _____ for my secretary.

20. With this new _____ , you'll be fine in five or six days.

21. For good _____ , you should see a Broadway musical.

22. Her lack of _____ showed she was not suitable for him.

23. I bought a beach house because I think it is a good _____ .

24. The _____ of a large company like this is very complex.

25. She made a _____ to the press but nobody believed her.

Ricardo Bruschini

Sufixos

NESS

Sufixo: acrescentado em adjetivos para formar substantivos abstratos.

Sentido: se refere a condição ou qualidade.

Comentário: Acrescentamos **ness** em adjetivos que então passam a ser substantivos. Não há nada equivalente em português.

bitterness: amargura, mágoa

blackness: pretume, escuridão

brightness: brilho, claridade

coldness: frieza, indiferença

darkness: escuridão, treva

dizziness: tontura, vertigem

dryness: secura, aridez

effectiveness: eficácia, eficiência

emptiness: vazio, vácuo

goodness: bondade, benevolência

happiness: felicidade

hardness: dureza, solidez

illness: doença, enfermidade

kindness: gentileza, bondade

laziness: preguiça

loneliness: solidão, isolamento

loveliness: encanto, graça

madness: loucura, demência

nervousness: nervosismo

redness: vermelhidão

rudeness: rudeza, grosseria

sadness: tristeza, melancolia

selfishness: egoísmo

sharpness: gume, corte, aspereza

shyness: timidez, acanhamento

sickness: doença, enfermidade

sweetness: doçura, brandura, delicadeza

tardiness: atraso

ugliness: feiura

weakness: fraqueza, debilidade

Aumente o seu vocabulário em inglês

Sufixos

Ex. 31 - Complete utilizando palavras com o sufixo **NESS**

01. Some people say that _____ is just an illusion.

02. It was with great _____ that he left his hometown.

03. The _____ of the scene made everybody cry.

04. After her husband's death, she felt a great _____ in her heart.

05. She only thinks about herself. Her _____ is incredible.

06. Because of her _____ , she failed the math test.

07. The _____ of Paris is unquestionable.

08. Due to his constant _____ , he was fired.

09. The _____ prevented him from seeing inside the room.

10. The _____ you feel is because you haven't eaten anything.

11. This kind of _____ can really debilitate you.

12. A good way to fight _____ is to go out with friends.

13. It's _____ to drink and drive, isn't it?

14. The _____ in the killer's eyes scared me.

15. Because of her _____ , she couldn't leave the hospital.

16. Her _____ was caused by a new virus.

17. Because of her extreme _____ she doesn't have a boyfriend.

18. I'm here to thank you for your _____ and support.

19. I noticed some _____ when she talked about her divorce.

20. This winter's _____ is affecting my skin.

21. That _____ on her face was caused by some sort of allergy.

22. The smell and the _____ of the place was dreadful.

23. His _____ and bad manners always startled his co-workers.

24. What is this _____ around your eyes?

25. The _____ of the knife made me want to buy it.

OLOGY

Comentário: Para **ology**, temos o equivalente em português **ologia**. Julguei não ser necessário exercícios com este sufixo, já que as palavras são muito parecidas nas duas línguas e não haveria um ganho real de vocabulário.

OR

Sufixo: acrescentado em verbos para formar substantivos.

Sentido: alguém ou algo que faz (o agente da ação).

Comentário: Esse sufixo é acrescentado a alguns verbos, que se transformam em substantivos. Eles normalmente vão dizer o que alguém ou alguma coisa faz. Por exemplo, a partir de *detect* teremos *detector*, que é o que detecta. Da palavra *investigate*, teremos *investigator*, que é quem investiga. Esse sufixo, como já mencionado anteriormente, será pronunciado da mesma forma que o sufixo **er**.

actor: ator

aggressor: agressor

calculator: calculadora

competitor: competidor

conductor: maestro, regente

decorator: decorador

detector: detector

detonator: detonador

dictator: ditador

director: diretor

donor: doador

elevator: elevador

escalator: escada rolante

generator: gerador

governor: governador

instructor: instrutor

inventor: inventor

investigator: investigador

monitor: monitor

professor: professor

projector: projetor

refrigerator: geladeira

sailor: marinheiro

sculptor: escultor

simulator: simulador

supervisor: supervisor

survivor: sobrevivente

translator: tradutor

ventilator: ventilador

visitor: visitante

Sufixos

Ex. 32 - Complete utilizando palavras com o sufixo **OR**

01. He used to work for the United Nations as a _____ .

02. He is a _____ so he is at sea most of the time.

03. She hired a private _____ to follow her husband.

04. She is a famous interior _____ from New York City.

05. My _____ told me I can't arrive late anymore.

06. The only _____ of the accident was a sixty-year-old man.

07. His office is on the 35th floor, so please take the _____ .

08. Rodin was a very famous French _____ .

09. I need a _____ to add all these numbers.

10. We need to get the _____ fixed if we want to have some electricity.

11. He used to be a literature _____ but now he is a writer.

12. We took the _____ to go to the second floor.

13. According to the lie _____ , everything he said was true.

14. The _____ is expected to arrive here at ten o'clock.

15. He is a famous film _____ and he has won many awards.

16. Before being president, he was the _____ of California.

17. He won the Oscar for best supporting _____ last year.

18. The hospital is in need of new blood _____ .

19. Put the ice cream in the _____ or it will melt.

20. He was the only _____ who was not nervous.

21. The _____ of a Central American country was shot last night.

22. He is the _____ of a very prestigious European orchestra.

23. Her _____ was taken to the police station to be questioned.

24. When I went to Aspen, I had to hire a ski _____ .

25. The _____ was not working so the room was really hot.

Sufixos

ORY

Sufixo: acrescentado para formar adjetivos e substantivos.

Sentido: lugar onde se faz algo; relacionado a; como; que se parece com.

Comentário: Em português, **ory** tem seu equivalente em **ório**. Preste atenção nas exceções. Por exemplo, *trajectory* é trajetória, *participatory* é participativo.

accessory: acessório

accusatory: acusatório

advisory: consultivo

celebratory: comemorativo, celebratório

compensatory: compensatório

conciliatory: conciliatório

condemnatory: condenatório

conservatory: conservatório

contradictory: contraditório

defamatory: difamatório

depository: depositário

discriminatory: discriminatório

explanatory: explicativo, explanatório

exploratory: exploratório

hallucinatory: alucinatório

illusory: ilusório

inflammatory: inflamatório

introductory: introdutório

mandatory: obrigatório, imperativo

migratory: migratório

obligatory: obrigatório

observatory: observatório

participatory: participativo

predatory: predatório

preparatory: preparatório

recriminatory: recriminatório

regulatory: regulador, regulamentar

respiratory: respiratório

satisfactory: satisfatório

transitory: transitório

Aumente o seu vocabulário em inglês

Sufixos

Ex. 33 - Complete utilizando palavras com o sufixo **ORY**

01. It is _____ to think that being rich will make you happy.

02. It is the _____ season for many African animals.

03. I think it shouldn't be _____ to vote.

04. Due to a lot of pollution, he is having _____ problems.

05. He has an _____ disease that is affecting his throat.

06. The story he told the police was _____ and no one bought it.

07. This _____ campaign against him is driving him crazy.

08. Your grades are _____ so I think you deserve a reward.

09. Even _____ drugs are not forbidden in Holland.

10. You won't be able to walk for a while, but this is _____ .

11. Our scientists are on an _____ expedition in Kenya.

12. I am going to start the _____ course they are offering.

13. I made an _____ map that shows where my house is.

14. Hawks, eagles, falcons and owls are _____ birds.

15. The gay community considered some of the measures _____ .

16. The _____ is at the top of a hill in Pasadena, California.

17. He had to go back to the _____ to get his violin.

18. It is _____ to wear a uniform at my school.

19. The _____ tone he used, alarmed his employees.

20. The new _____ measures didn't please many people.

21. Her look was _____ . She didn't like what he did to her.

22. They exchanged _____ remarks during their argument.

23. He saw the invitation as a _____ gesture from his family.

24. I think the _____ part of the book is quite long.

25. He got a promotion so they went off for a _____ drink.

102   Ricardo Bruschini

Sufixos

OUS

Sufixo: acrescentado em substantivos para formar adjetivos.

Sentido: cheio de; que tem; que tem característica de.

Comentário: O equivalente a **ous** em português é **oso**. Há algumas exceções como, por exemplo, na palavra *adulterous* que é adúltero. Lembre-se que ao pronunciar o sufixo **ous**, a letra o não deverá ser pronunciada. Pronuncie esse sufixo da mesma forma que a palavra *us* em inglês.

adulterous: adúltero

adventurous: aventureiro

ambitious: ambicioso

anxious: ansioso

conscious: consciente

courageous: corajoso

curious: curioso

dangerous: perigoso

delicious: delicioso

famous: famoso

furious: furioso

generous: generoso

glamorous: glamoroso

jealous: ciumento

malicious: malicioso

monotonous: monótono

mysterious: misterioso

nervous: nervoso

poisonous: venenoso

prestigious: prestigioso, respeitado

pretentious: pretensioso

promiscuous: promíscuo

religious: religioso

ridiculous: ridículo

sensuous: sensual

spacious: espaçoso

superstitious: supersticioso

suspicious: desconfiado, suspeito

tedious: tedioso, cansativo

vigorous: vigoroso

Aumente o seu vocabulário em inglês

Sufixos

Ex. 34 - Complete utilizando palavras com o sufixo **OUS**

01. She goes to church every day. She is a very _____ woman.

02. He is _____ and would do anything to get to the top.

03. She hit her head in the accident but she was _____ .

04. It is _____ to try to look younger than you really are.

05. She made some _____ remarks about their marriage.

06. There's a _____ black car parked in front of our house.

07. Although he is 67 years old, he is a _____ man.

08. She is terrified of _____ snakes.

09. Marie is a _____ girl and she likes to gossip too.

10. They served us a _____ meal by the swimming pool.

11. We spent a _____ and rainy weekend in the country.

12. They can hardly wait to see *Cats*. They are really _____ about it.

13. Your father is _____ because you came home after midnight.

14. She has always been _____ of her boyfriend.

15. He looked pretty _____ and also scared.

16. She is a very _____ and understanding woman.

17. Her _____ husband had many lovers.

18. Firefighters and policemen have to be very _____ people.

19. Julia Roberts is the most _____ actress in Hollywood.

20. He is a _____ and arrogant young man.

21. He is married to a beautiful and _____ woman.

22. He works for a _____ publishing company.

23. I think bungee jumping is a very _____ sport.

24. The Louvre is a _____ museum in Paris.

25. I know why you don't like black cats. You are _____ .

Sufixos

SHIP

Sufixo: acrescentado em substantivos para formar substantivos abstratos.

Sentido: que tem habilidade de; condição de; estado de ser.

Comentário: Este sufixo não tem nenhum equivalente em português. Neste caso, o sufixo, que é acrescentado a substantivos, forma outros substantivos. Uma palavra bastante comum com este sufixo é *membership*.

acquaintanceship: conhecimento, relacionamento, círculo social

apprenticeship: aprendizagem

authorship: autoria

censorship: censura

championship: campeonato

citizenship: cidadania

companionship: companhia

comradeship: camaradagem

courtship: namoro, corte

craftsmanship: destreza manual, arte, maestria

dealership: concessionário

dictatorship: ditadura

flagship: principal, carro-chefe

friendship: amizade

governorship: governança, governo

guardianship: guarda, tutela

hardship: sofrimento, privação

headship: chefia, comando

internship: estágio, residência

kinship: parentesco, afinidade

leadership: liderança

lordship: excelência, senhoria

marksmanship: perícia no tiro ao alvo, boa pontaria

membership: adesão, afiliação, qualidade de sócio

ownership: propriedade, posse

partnership: sociedade, parceria

readership: público leitor, conjunto de leitores

relationship: relacionamento, relação

scholarship: bolsa de estudos

sponsorship: patrocínio

Aumente o seu vocabulário em inglês

Sufixos

Ex. 35 - Complete utilizando palavras com o sufixo **SHIP**

01. The legal battle over the _____ of the land is now over.

02. Under his _____ , the team was able to win the game.

03. During his _____ as a shoemaker, he worked really hard.

04. She has won a full _____ to study at Colgate University.

05. In a _____ you don't have much freedom, do you?

06. The tennis _____ was won by a Spanish player.

07. She lives in an isolated area and the lack of _____ is difficult.

08. It is nice to see the _____ among the characters of *Friends*.

09. Their _____ is based on love, trust and respect.

10. If you live in a democracy, you don't have to worry about _____ .

11. After four months of _____ they decided to get married.

12. The _____ of the painting is still unknown.

13. They think the same way. That's why their _____ is working.

14. When he lost his job, his family went through a period of _____ .

15. The _____ store of the brand is on Fifth Avenue.

16. We had a professional _____ , but after a while we started dating.

17. We are honored to have your _____ with us tonight.

18. His expertise and _____ make his pieces a work of art.

19. During his _____ , a lot of good things were accomplished.

20. I've applied for _____ at the local country club.

21. After his _____ , he got a job at a prestigious hospital.

22. They are like brothers. I think their _____ will last forever.

23. They got all the _____ they needed from a French company.

24. He is the best salesman at the local Chrysler _____ .

25. They live in Spain now, so they have applied for Spanish _____ .

106   Ricardo Bruschini

Y

Sufixo: acrescentado em substantivos para formar adjetivos.

Sentido: que tem a qualidade ou aparência de.

Comentário: Acrescentamos "y" em substantivos, que passam a ser adjetivos. Não há nada equivalente em português. Algumas palavras poderão ser traduzidas com **oso**, como é o caso de *rainy* (chuvoso), *tasty* (saboroso), *greasy* (gorduroso) ou ainda *creamy* (cremoso).

bossy: mandão

classy: de classe

cloudy: nublado

creamy: cremoso

dirty: sujo, indecente

funny: engraçado, divertido

greasy: gorduroso

guilty: culpado

hairy: cabeludo, peludo

icy: congelado, coberto de gelo, glacial

juicy: suculento

messy: desordenado, bagunçado

muddy: enlameado, barrento

rainy: chuvoso

risky: arriscado, perigoso

roomy: espaçoso

rusty: enferrujado

salty: salgado

sexy: sexy

silky: sedoso

skinny: muito magro

sleepy: sonolento, com sono

snowy: nevado, nevoso, coberto de neve

sticky: grudento, pegajoso

stormy: tempestuoso, tormentoso

sunny: ensolarado, iluminado pelo sol

tasty: saboroso, gostoso

thirsty: com sede, sedento

wavy: ondulado, ondulante

windy: ventoso

Sufixos

Ex. 36 - Complete utilizando palavras com o sufixo **Y**

01. It is very _____ today. I think it is going to rain.

02. She had a _____ dessert because she couldn't chew any food.

03. She didn't clean the house so it is _____ .

04. Steve Martin is a very _____ comedian.

05. On cold and _____ days like this, it is good to stay home.

06. It is _____ today so maybe I'll go sailing.

07. He worked all night long so he is _____ .

08. He didn't clean up his room so it is pretty _____ .

09. Sharon Stone is not only _____ . She is talented too.

10. She loves to tell people what to do. She is pretty _____ .

11. I am really _____ so I'll get something to drink.

12. On _____ days like this, the beaches get very crowded.

13. The food is _____ but a bit cold.

14. We shouldn't try to cross the river here. It is too _____ .

15. This kind of car is not _____ enough for a big family.

16. He has a _____ chest but he is bald.

17. These oranges are _____ and sweet.

18. You can eat all the chocolate you want because you are _____ .

19. The car was exposed to a lot of rain so now it is _____ .

20. She is very proud of her long and _____ hair.

21. She is a refined and _____ woman.

22. You put too much salt on the salad. It was pretty _____ .

23. The jury found him not _____ so he is free again.

24. Katherine's hair is long and _____ .

25. He was dealing with glue so his hands were _____ .

Alguns sufixos, bem menos comuns dos que foram apresentados com os exercícios, não foram mencionados até agora, mas eles existem. Veja alguns exemplos: *fireproof*, *southward*, *businesslike*, *fearsome*, *brotherhood*, *likewise*, *fishmonger*, *Romanesque*, *luncheonette*, *Japanese*, *paralysis*, *urgency*, *kingdom* etc.

Exercícios com prefixos e sufixos

Exercícios com prefixos e sufixos

Ex. 37 - Use prefixos ou sufixos com as palavras abaixo.

01. danger

02. happy

03. assist

04. sleep

05. sex

06. important

07. imagine

08. understand

09. music

10. act

11. explode

12. product

13. care

14. employ

15. freeze

16. use

17. play

18. courage

19. national

20. pain

Exercícios com prefixos e sufixos

Ex. 38 - Use prefixos ou sufixos com as palavras abaixo.

01. politics

02. pronounce

03. sweet

04. swim

05. read

06. write

07. vision

08. human

09. beauty

10. taste

11. color

12. continent

13. fat

14. please

15. create

16. friend

17. art

18. power

19. approve

20. obey

Exercícios com prefixos e sufixos

Ex. 39 - Use prefixos ou sufixos com as palavras abaixo.

01. fish

02. real

03. add

04. agree

05. retire

06. treat

07. move

08. respect

09. social

10. hero

11. faith

12. mean

13. vibrate

14. hair

15. family

16. initiate

17. preside

18. conscious

19. child

20. pack

Aumente o seu vocabulário em inglês

Prefixos e sufixos na mesma palavra

Prefixos e sufixos na mesma palavra

Até agora foram mostrado sufixos e prefixos separadamente. Entretanto, algumas palavras podem ter tanto um quanto outro ao mesmo tempo. Isso acontece também em português. Logo abaixo, temos exemplos desses tipos de palavras.

01	accept	**un**accept**able**	inaceitável
02	agree	**dis**agree**able**	desagradável
03	agree	**dis**agree**ment**	desavença, discórdia
04	attract	**un**attract**ive**	sem atrativos
05	avoid	**un**avoid**able**	inevitável
06	believe	**un**believ**able**	inacreditável
07	break	**un**break**able**	inquebrável
08	caculate	**mis**calcul**ation**	erro de cálculo, conta errada
09	care	care**lessly**	descuidadamente, negligentemente
10	comfort	**un**comfort**able**	desconfortável
11	condition	**un**condition**al**	incondicional
12	conscious	**un**conscious**ness**	inconsciência
13	continue	**dis**continu**ation**	descontinuação, ruptura, interrupção
14	convention	**un**convention**al**	não convencional, pouco convencional
15	cooperate	**un**cooperat**ive**	que não coopera, não cooperativo
16	count	**un**count**able**	incontável
17	deny	**un**deni**able**	inegável

Aumente o seu vocabulário em inglês

Prefixos e sufixos na mesma palavra

18	end	end**lessly**	infinitamente
19	event	**un**event**ful**	rotineiro, sem ocorrências especiais
20	expect	**un**expect**ed**	inesperado
21	fashion	**un**fashion**able**	fora de moda
22	forget	**un**forgett**able**	inesquecível
23	fortunate	**un**fortunate**ly**	infelizmente
24	friend	**un**friend**ly**	hostil, inamistoso
25	happy	**un**happi**ness**	infelicidade
26	honest	**dis**honest**ly**	desonestamente
27	imagine	**un**imagin**able**	inimaginável
28	intelligent	**un**intellig**ible**	ininteligível
29	intention	**un**intention**al**	involuntário
30	interest	**dis**interest**ed**	desinteressado
31	judge	**mis**judge**ment**	juízo errôneo, equívoco
32	like	**un**like**ly**	improvável
33	logic	**il**logic**al**	ilógico
34	please	**un**pleas**ant**	desagradável
35	please	**dis**pleas**ed**	descontente
36	predict	**un**predict**able**	imprevisível
37	pronounce	**mis**pronunci**ation**	pronúncia errada
38	publish	**un**publish**ed**	não publicado
39	qualify	**dis**qualifi**cation**	desqualificação, expulsão
40	question	**un**question**able**	inquestionável
41	real	**un**realist**ic**	não realista, irreal

Prefixos e sufixos na mesma palavra

42	regular	**ir**regular**ly**	irregularmente
43	resist	**ir**resist**ible**	irresistível
44	respect	**dis**respect**ful**	desrespeitoso
45	rest	rest**lessly**	de modo irrequieto, impacientemente
46	satisfy	**dis**satisfi**ed**	insatisfeito
47	self	**un**self**ish**	altruísta, não egoísta
48	sense	**in**sens**ible**	insensível
49	sufficient	**in**sufficient**ly**	insuficientemente
50	taste	**dis**taste**ful**	de mau gosto
51	think	**un**think**able**	impensável
52	touch	**un**touch**able**	intocável
53	understand	**mis**understand**ing**	mal-entendido
54	usual	**un**usual**ly**	extraordinariamente
55	want	**un**want**ed**	indesejado

Veja agora alguns exemplos de palavras que têm 3 afixos ao mesmo tempo. Note que, quando temos *able* e *ly*, há uma pequena mudança. Os sufixos passam a ser *ably*.

accept	**un**+accept+**able**+**ly**	unacceptably	inaceitavelmente
agree	**dis**+agree+**able**+**ly**	disagreeably	desagradavelmente
approve	**dis**+approve+**ing**+**ly**	disapprovingly	de maneira condenatória
comfort	**un**+comfort+**able**+**ly**	uncomfortably	desconfortavelmente
faith	**un**+faith+**ful**+**ness**	unfaithfulness	infidelidade

Aumente o seu vocabulário em inglês

Prefixos e sufixos na mesma palavra

intention	**un**+intention+**al**+**ly**	unintentionally	não intencionalmente
question	**un**+question+**able**+**ly**	unquestionably	indubitavelmente
reconcile	**ir**+reconcile+**able**+**ly**	irreconcilably	irreconciliavelmente
recover	**ir**+recover+**able**+**ly**	irrecoverably	irrecuperavelmente
respect	**dis**+respect+**ful**+**ly**	disrespectfully	desrespeitosamente

Apêndice

Para efeito de estudo e consultas rápidas, foi efetuada uma tabela com palavras combinadas com prefixos, sufixos ou os dois ao mesmo tempo. A princípio, são apresentadas palavras com seis derivativos, chegando a palavras com apenas um. O fato de a palavra estar na lista com três palavras derivadas, por exemplo, não significa que tem apenas três, e sim que foram apresentadas as mais importantes ou as mais usadas.

Palavras com **6** derivativos

direct	direction	directionless	directive
	director	directory	indirect
nation	national	nationalism	nationality
	nationalist	nationalize	international
person	personal	personally	personality
	personalize	personify	impersonal
taste	taster	tasteful	tastefully
	tasteless	tasty	distasteful

Palavras com **5** derivativos

act	action	active	activism	activist	inactive
behave	behavior	behavioral	behaviorism	misbehave	well-behaved
brute	brutal	brutally	brutality	brutalize	brutish
class	classic	classical	classify	classless	classy
create	creation	creative	creature	creator	creativity
critic	critical	critically	criticize	criticism	uncritical

Aumente o seu vocabulário em inglês

Apêndice

decide	decided	decider	decision	decisive	undecided
defend	defense	defenseless	defendant	defensive	defensively
different	difference	differently	differential	indifference	indifferent
final	finally	finalist	finality	finalize	finalization
help	helper	helping	helpful	helpless	helplessly
inform	informal	information	informative	informer	uninformed
joy	joyful	joyfully	enjoy	enjoyable	enjoyment
kind	kindly	kindness	unkind	unkindly	unkindness
nominate	nominal	nominally	nomination	nominative	nominee
norm	normal	normality	normalize	normally	abnormal
numerate	numeral	numerator	numerical	numerically	numerous
occupy	occupant	occupied	occupier	occupation	occupational
oppress	oppression	oppressed	oppressive	oppressively	oppressor
perfect	perfection	perfectionism	perfectionist	imperfect	imperfection
real	really	reality	realize	realistic	unreal
social	sociable	socially	socialism	socialist	socialize
tolerate	tolerance	tolerant	intolerant	tolerable	intolerance

Palavras com **4** derivativos

accuse	accusation	accusative	accuser	accusatory
agree	agreed	agreement	disagree	disagreement
alarm	alarmed	alarming	alarmingly	alarmist
amaze	amazed	amazement	amazing	amazingly
annoy	annoyance	annoyed	annoying	annoyingly
approve	approval	approved	approving	disapproving
believe	believable	believer	disbelief	unbelievable
center	central	centralize	centralism	centralization

Apêndice

child	childish	childless	childhood	childproof
civil	civilian	civilize	civilized	civilization
color	colored	colorful	coloring	colorless
consider	considerate	considerable	consideration	inconsiderate
cook	cooker	cooking	uncooked	undercooked
correct	correction	corrective	correctional	incorrect
courage	courageous	discourage	encourage	encouragement
decent	decency	decently	indecent	indecently
decor	decorate	decoration	decorative	decorator
depress	depression	depressed	depressing	depressive
deny	denial	deniable	undeniable	undeniably
devote	devoted	devotedly	devotee	devotion
economy	economic	economical	economist	economize
explain	explaining	explanation	explanatory	unexplained
explore	exploration	explorer	exploratory	unexplored
express	expression	expressive	inexpressive	expressionless
friend	friendly	friendless	friendship	unfriendly
glamor	glamorous	glamorously	glamorize	unglamorous
govern	governor	governess	government	governmental
hypnosis	hypnotic	hypnotism	hypnotize	self-hypnosis
initiate	initial	initiation	initiative	initialize
marry	marriage	married	remarry	unmarried
pack	package	packer	packing	unpack
polite	politely	politeness	impolite	impolitely
predict	prediction	predictive	predictable	unpredictable
produce	producer	production	productive	unproductive
propose	proposition	proposal	proposed	proposer
quantity	quantifier	quantify	quantitative	quantification

Aumente o seu vocabulário em inglês

question	questionable	questioner	questioning	unquestionable
quiet	quieten	quietly	quietness	unquiet
regular	regularly	regularize	regularity	irregular
reside	residence	residency	resident	residential
seduce	seducer	seduction	seductive	seductress
sex	sexy	sexual	sexually	asexual
soft	softly	soften	softener	softness
train	trainee	trainer	training	untrained
use	used	useful	useless	misuse
valid	validity	validate	validation	invalid

Palavras com **3** derivativos

able	disabled	enable	unable
accept	acceptance	acceptable	unacceptable
accurate	accuracy	accurately	inaccurate
adequate	inadequate	inadequately	inadequacy
answer	answerable	unanswered	unanswerable
art	artist	artistic	artistically
attend	attendance	attendant	attendee
attract	attraction	attractive	unattractive
avoid	avoidable	avoidance	unavoidable
beauty	beautiful	beautician	beautify
boil	boiled	boiler	boiling
book	bookable	bookish	overbook
break	breakable	unbreakable	breakage
care	careful	carefully	careless
certain	certainly	certainty	uncertain

Apêndice

charm	charmed	charming	charmless
circle	circulate	circulation	circular
clear	clearly	clearance	unclear
complete	completely	incomplete	incompletely
confess	confession	confessional	confessor
construct	construction	constructive	constructor
continue	discontinue	continuity	discontinuous
cooperate	cooperation	cooperative	uncooperative
correspond	correspondence	correspondent	corresponding
count	countable	countless	miscount
courtesy	courteous	discourteous	discourtesy
cover	coverage	discover	recover
custom	customary	customer	customize
danger	dangerous	dangerously	endanger
degrade	degradation	degradable	degrading
destruct	destruction	destructive	indestructible
divide	division	divisible	indivisible
drink	drinker	drinking	drinkable
efficient	efficiently	efficiency	inefficient
employ	employee	employer	unemployed
end	endless	endlessly	ending
explode	explosive	explosion	exploded
fame	famous	famously	infamous
feminine	femininity	feminism	feminist
finance	financial	financially	financier
finish	finished	finisher	unfinished
fish	fishery	fishing	fishy
forget	forgetful	forgetfulness	unforgettable

Aumente o seu vocabulário em inglês

Apêndice

forgive	forgivable	forgiveness	forgiving
frequent	frequency	frequently	infrequent
frustrate	frustration	frustrated	frustrating
geography	geographer	geographical	geographically
grammar	grammarian	grammatical	grammatically
green	greenery	greening	greenish
happy	happiness	unhappy	unhappiness
honest	honesty	honestly	dishonest
hope	hopeful	hopefully	hopeless
hunt	hunter	hunting	huntress
identity	identification	identify	unidentified
infect	infected	infection	infectious
invent	invention	inventive	inventor
investigate	investigation	investigator	investigative
lead	leader	leading	leadership
learn	learned	learner	learning
like	dislike	unlikely	alike
local	location	localize	relocate
lock	unlock	locker	unlocked
love	lovable	loving	lovely
magic	magical	magically	magician
magnet	magnetic	magnetism	magnetize
moral	morally	immoral	amoral
mortal	immortal	immortality	immortalize
move	movement	movable	moving
music	musical	musically	musician
nature	natural	unnatural	naturist
negotiate	negotiable	negotiation	negotiator

124   Ricardo Bruschini

Apêndice

new	newly	newish	renew
nude	nudism	nudist	nudity
obey	obedience	obedient	disobedient
observe	observation	observer	observatory
operate	operation	operational	inoperative
organize	organization	organized	disorganized
pain	painful	painless	painfully
persist	persistence	persistent	persistently
photograph	photographer	photographic	photography
plant	planter	planting	plantation
play	player	playful	playfully
please	pleasant	unpleasant	pleasantly
politics	political	politically	policy
precise	precision	precisely	imprecise
prefer	preference	preferable	preferential
present	presentation	presentable	presenter
print	printable	printer	printing
prison	prisoner	imprison	imprisonment
project	projection	projectionist	projector
promote	promoter	promotion	promotional
proper	properly	improper	improperly
protect	protection	protective	protector
race	racial	racism	racist
reason	reasonable	unreasonable	reasonably
regard	regarding	regardless	disregard
resist	resistance	resistant	irresistible
respect	respectful	disrespect	respectable
rich	richness	enrich	enrichment

Aumente o seu vocabulário em inglês

satisfy	satisfaction	satisfactory	dissatisfied
science	scientist	scientific	scientifically
short	shortage	shorten	shortish
silk	silken	silkiness	silky
smoke	smoker	smoking	smokeless
suit	suited	suitable	unsuitable
survive	survival	surviving	survivor
sweet	sweeten	sweetness	sweetener
symbol	symbolic	symbolism	symbolize
trauma	traumatic	traumatize	traumatized
treat	treatment	mistreat	maltreat
true	untrue	truly	truthful
understand	understandable	understanding	misunderstand
vacate	vacant	vacancy	vacation
vegetable	vegetarian	vegetation	vegetative
vibrate	vibration	vibrant	vibrator
vision	visualize	visual	envision
wash	washer	washing	washable
weight	weighty	weightless	overweight
wreck	wreckage	wrecked	wrecker

Palavras com **2** derivativos

alcohol	alcoholic	alcoholism
ambition	ambitious	ambitiously
amplify	amplifier	amplification
amputate	amputation	amputee
anonymous	anonymously	anonymity

Apêndice

appreciate	appreciation	appreciative
aristocrat	aristocratic	aristocracy
aspire	aspiration	aspiring
assassin	assassinate	assassination
associate	association	dissociate
bake	baker	bakery
begin	beginner	beginning
bigamy	bigamist	bigamous
black	blacken	blackish
boy	boyhood	boyish
brain	brainless	brainy
brief	briefly	briefing
brother	brotherly	brotherhood
cheap	cheapen	cheapness
climb	climber	climbing
cloud	cloudless	cloudy
concentrate	concentration	concentrated
contest	contestant	incontestable
corrupt	corruption	corruptible
cream	creaminess	creamy
crime	criminal	criminologist
cut	cutlery	uncut
dark	darkness	darken
debilitate	debilitating	debility
dedicate	dedicated	dedication
describe	description	descriptive
do	doable	undo
document	documentation	documentary

Aumente o seu vocabulário em inglês

Apêndice

dream	dreamer	dreamless
emotion	emotional	emotive
expensive	expensively	inexpensive
fan	fanatic	fanaticism
fear	fearless	fearful
fight	fighter	fighting
filth	filthiness	filthy
fit	fitness	unfit
freeze	freezer	freezing
fun	funnily	funny
galaxy	galactic	intergalactic
gamble	gambler	gambling
gold	golden	goldish
grease	greasiness	greasy
ground	aground	underground
grow	grower	growing
hair	hairless	hairy
harm	harmful	harmless
horizon	horizontal	horizontally
improve	improved	improvement
inherit	inheritor	inheritance
irony	ironic	ironically
jewel	jeweler	jewelry
judge	judgment	judgmental
jump	jumper	jumpy
kill	killer	killing
law	lawful	lawless
loud	loudly	loudness

Apêndice

loyal	loyalty	disloyal
mad	madly	madness
miss	missing	dismiss
name	nameless	unnamed
need	needless	needy
nourish	nourishing	nourishment
occasion	occasional	occasionally
paint	painter	painting
price	priceless	pricey
profit	profitable	profitability
prohibit	prohibition	prohibitive
pronounce	mispronounce	pronunciation
quick	quicken	quickly
responsibility	responsible	irresponsible
run	runner	running
say	saying	unsaid
sing	singer	singing
slave	slavery	enslave
teach	teacher	teaching
therapy	therapist	therapeutic
think	thinker	thinking
top	atop	topless
vandal	vandalism	vandalize
vulgar	vulgarize	vulgarity
white	whiten	whitish
wise	wisely	unwise
write	writer	writing
yellow	yellowish	yellowness

Aumente o seu vocabulário em inglês

Apêndice

Palavras com **1** derivativo

alter	alteration	**improvise**	improvisation
amateur	amateurish	**infer**	inference
avenge	avenger	**legend**	legendary
balloon	balloonist	**main**	mainly
banish	banishment	**mess**	messy
blue	bluish	**mud**	muddy
board	aboard	**obvious**	obviously
bribe	bribery	**odor**	odorless
bride	bridal	**orphan**	orphanage
brown	brownish	**penny**	penniless
cancer	cancerous	**perfume**	perfumery
clue	clueless	**piano**	pianist
cry	crying	**pink**	pinkish
day	daily	**poison**	poisonous
far	afar	**pray**	prayer
filtrate	filtration	**predator**	predatory
fog	foggy	**pregnancy**	pregnant
gland	glandular	**prostitute**	prostitution
glue	gluey	**quit**	quitter
gray	grayish	**quote**	quotation
guard	guardian	**rain**	rainy
high	highly	**room**	roomy
hill	hilly	**sun**	sunny
hormone	hormonal	**vertical**	vertically
hostile	hostility	**xenophobia**	xenophobic
icon	iconic	**wave**	wavy
idol	idolize	**wood**	wooden

Ricardo Bruschini

Respostas dos exercícios

PREFIXOS

01. PREFIXOS
01. misspell; **02.** non-smoking; **03.** preadolescent; **04.** misbehave; **05.** encourage; **06.** well-adjusted; **07.** unhappy; **08.** ex-husband; **09.** self-service; **10.** underage; **11.** overweight; **12.** illegal; **13.** impolite; **14.** informal; **15.** recreate; **16.** antisocial; **17.** disagree; **18.** indelicate; **19.** semiprecious; **20.** unimportant; **21.** immature; **22.** illegible; **23.** insincere; **24.** megastar; **25.** unsolved

02. A
01. away; **02.** asleep; **03.** adrift; **04.** aside; **05.** awake; **06.** awhile; **07.** ashamed; **08.** around; **09.** aboard; **10.** ashore; **11.** along; **12.** aloud; **13.** apart; **14.** alive; **15.** anew-afresh; **16.** alike; **17.** ahead; **18.** afloat; **19.** across; **20.** afresh-anew; **21.** alone; **22.** abroad; **23.** ago; **24.** afar; **25.** alight

03. DIS
01. disappeared; **02.** discover; **03.** disobedient; **04.** dislike; **05.** dislocated; **06.** disconnected; **07.** disinfect; **08.** disagree; **09.** disapprove; **10.** disembark; **11.** disrespectful; **12.** dismounted; **13.** discontent; **14.** disadvantage; **15.** dishonor; **16.** disregard; **17.** disintegrated; **18.** discourteous; **19.** disorganized; **20.** discourage; **21.** disinherited; **22.** dishonest; **23.** disloyal; **24.** distrust; **25.** discomfort

04. EN
01. ennobles; **02.** enlarge; **03.** encircled; **04.** encouraged; **05.** endangers; **06.** encaged; **07.** enforce; **08.** enjoy; **09.** envision; **10.** enlighten; **11.** ensure; **12.** enlisted; **13.** enrolled; **14.** enslave; **15.** entitled; **16.** entrusted; **17.** entrapped; **18.** encamp; **19.** enable; **20.** enfeebled; **21.** enrage; **22.** enriched; **23.** entangled; **24.** entombed; **25.** enthroned

05. IN
01. insincere; **02.** insensitive; **03.** insecure; **04.** informal; **05.** incomplete; **06.** invalid; **07.** inadequate/ inappropriate; **08.** incorrect; **09.** infidelity; **10.** incompetent; **11.** inedible; **12.** incompatible; **13.** incapable; **14.** involuntary; **15.** indefinite; **16.** insufficient; **17.** inaudible; **18.** indecent; **19.** indelicate; **20.** invisible; **21.** incoherent; **22.** inexperienced; **23.** inseparable; **24.** ineffective; **25.** incurable

06. MIS
01. misspell; **02.** misquoted; **03.** misbehave; **04.** misunderstood; **05.** miscounted; **06.** mispronounce; **07.** misplace; **08.** misled; **09.** mishandled; **10.** misspend; **11.** mistrust; **12.** mismanaged; **13.** misjudge;

Respostas dos exercícios

14. misinformed; **15.** mistreat; **16.** misfortune; **17.** misuse; **18.** miscalculate; **19.** misgovern; **20.** mishear; **21.** misread; **22.** misprints; **23.** misconception; **24.** misconduct; **25.** misaddressed

07. OVER

01. overweight; **02.** overdose; **03.** overtime; **04.** overdecorated; **05.** overspend; **06.** overfeed; **07.** overreacted; **08.** overcook; **09.** overuse; **10.** oversleep; **11.** oversize; **12.** overproduction; **13.** overheat; **14.** overrate; **15.** overcrowded; **16.** overpriced; **17.** overdressed; **18.** overprotective; **19.** overcharge; **20.** overqualified; **21.** overeat; **22.** overestimate; **23.** overpopulated; **24.** overload; **25.** overactive

08. RE

01. rewrite; **02.** readjust; **03.** redial; **04.** recapture; **05.** rediscovered; **06.** recharge; **07.** reeducate; **08.** reconsider; **09.** reschedule; **10.** reproduce; **11.** recreate; **12.** reopen; **13.** recount; **14.** reaffirmed; **15.** rebuild; **16.** redirect; **17.** reappear; **18.** reelect; **19.** relocate; **20.** remake; **21.** reorganize; **22.** refill; **23.** remarry; **24.** reconstructed; **25.** regain

09. SELF

01. self-protection; **02.** self-assurance; **03.** self-made; **04.** self-esteem; **05.** self-help; **06.** self-defense; **07.** self-explanatory; **08.** self-taught; **09.** self-portrait; **10.** self-hypnosis; **11.** self-sufficient; **12.** self-respect; **13.** self-analysis; **14.** self-preservation; **15.** self-destructive; **16.** self-pity; **17.** self-control; **18.** self-examination; **19.** self-service; **20.** self-absorbed; **21.** self-imposed; **22.** self-inflicted; **23.** self-centered; **24.** self-confidence; **25.** self-discipline

10. UN

01. unintentional; **02.** unattractive; **03.** undressed; **04.** unlocked; **05.** unwise; **06.** unanswered; **07.** unimportant; **08.** unexplored; **09.** unpredictable; **10.** unhappy; **11.** unbelievable; **12.** unreliable; **13.** unpaved; **14.** unclear; **15.** unemployed; **16.** unauthorized; **17.** unofficial; **18.** unexplained; **19.** unbreakable; **20.** unidentified; **21.** unmarried; **22.** unexpected; **23.** uncooked; **24.** unpleasant; **25.** unable

11. UNDER

01. underage; **02.** underweight; **03.** underfed; **04.** underdeveloped; **05.** underestimate; **06.** underdone; **07.** underline; **08.** understaffed; **09.** underprivileged; **10.** underdressed; **11.** underused; **12.** undershirt; **13.** underfoot; **14.** underground; **15.** underwater; **16.** undervalued; **17.** underarm; **18.** underpaid; **19.** undersea; **20.** underwear; **21.** undersized; **22.** underrate; **23.** undermentioned; **24.** underpass; **25.** underfunded

12. WELL

01. well-fed; **02.** well-kept; **03.** well-chosen; **04.** well-read; **05.** well-preserved; **06.** well-intentioned; **07.** well-mannered; **08.** well-being; **09.** well-brought-up; **10.** well-connected; **11.** well-paid; **12.** well-informed; **13.** well-guarded; **14.** well-earned; **15.** well-dressed; **16.** well-oiled; **17.** well-worn; **18.** well-liked; **19.** well-balanced; **20.** well-known; **21.** well-done; **22.** well-spoken; **23.** well-built; **24.** well-qualified; **25.** well-behaved

Respostas dos exercícios

13. COMPLETE AS PALAVRAS COM PREFIXOS DE SENTIDO OPOSTO OU NEGATIVO – 1
01. indelicate; **02.** unaccustomed; **03.** impolite; **04.** unhealthy; **05.** intolerant; **06.** insensitive; **07.** misread; **08.** irrelevant; **09.** unlocked; **10.** inaccurate; **11.** impatient; **12.** illegible; **13.** dishonest; **14.** disrespect; **15.** nonsmoker; **16.** nonalcoholic; **17.** decentralize; **18.** inconsiderate; **19.** unstable; **20.** incomplete; **21.** insufficient; **22.** unmarried; **23.** disadvantage; **24.** indifferent; **25.** incapable

14. COMPLETE AS PALAVRAS COM PREFIXOS DE SENTIDO OPOSTO OU NEGATIVO – 2
01. unethical; **02.** unsuitable; **03.** endurable; **04.** impartial; **05.** immortal; **06.** unable; **07.** discontinue; **08.** disfigure; **09.** unnecessary; **10.** inhuman; **11.** demystify; **12.** immodest; **13.** unpack; **14.** uninstall; **15.** unavailable; **16.** indigestion; **17.** dissatisfied; **18.** invalid; **19.** insecure; **20.** improbable; **21.** involuntary; **22.** unpredictable; **23.** decontaminate; **24.** injustice; **25.** impersonal

SUFIXOS

01. SUFIXOS
01. talkative; **02.** powerful; **03.** historical; **04.** freezer; **05.** interviewee; **06.** peaceful; **07.** modify; **08.** anxious; **09.** happiness; **10.** argument; **11.** foolish; **12.** speechless; **13.** jobless; **14.** therapist; **15.** exactly; **16.** privacy; **17.** meaning; **18.** countable; **19.** imagination; **20.** legible; **21.** socialize; **22.** religious; **23.** messy; **24.** painless; **25.** sleepy

02. ABLE
01. considerable; **02.** memorable; **03.** profitable; **04.** adjustable; **05.** predictable; **06.** desirable; **07.** countable; **08.** disposable; **09.** respectable; **10.** drinkable; **11.** avoidable; **12.** detestable; **13.** recognizable; **14.** breakable; **15.** doable; **16.** changeable; **17.** acceptable; **18.** sociable; **19.** suitable; **20.** presentable; **21.** curable; **22.** fashionable; **23.** eatable; **24.** adorable; **25.** remarkable

03. AGE
01. leakage; **02.** blockage; **03.** hostage; **04.** package; **05.** shortage; **06.** spillage; **07.** tutelage; **08.** breakage; **09.** linkage; **10.** coverage; **11.** marriage; **12.** postage; **13.** lineage; **14.** mileage; **15.** carriage; **16.** dosage; **17.** bandage; **18.** espionage; **19.** parentage; **20.** storage; **21.** orphanage; **22.** percentage; **23.** passage; **24.** pilgrimage; **25.** wreckage

04. AL
01. natural; **02.** original; **03.** universal; **04.** postal; **05.** bridal; **06.** additional; **07.** accidental; **08.** sensual; **09.** informal; **10.** experimental; **11.** dental; **12.** rehearsal; **13.** fundamental; **14.** approval; **15.** temperamental; **16.** musical; **17.** criminal; **18.** normal; **19.** brutal; **20.** liberal; **21.** ideal; **22.** cultural; **23.** sentimental; **24.** typical; **25.** tropical

05. ANT
01. pregnant; **02.** inhabitant; **03.** attendant; **04.** descendant; **05.** occupant; **06.** important; **07.** distant; **08.** assistant; **09.** constant; **10.** resistant; **11.** hesitant; **12.** vibrant; **13.** repugnant; **14.** relevant; **15.**

Aumente o seu vocabulário em inglês

Respostas dos exercícios

reluctant; **16.** consultant; **17.** participant; **18.** immigrant; **19.** defendant; **20.** extravagant; **21.** applicant; **22.** arrogant; **23.** ignorant; **24.** informant; **25.** pleasant

06. ATE

01. decorate; **02.** translate; **03.** cultivate; **04.** hesitate; **05.** sedate; **06.** considerate; **07.** isolate; **08.** assassinate; **09.** create; **10.** desolate; **11.** fascinate; **12.** investigate; **13.** exaggerate; **14.** degenerate; **15.** coordinate; **16.** delicate; **17.** regulate; **18.** locate; **19.** activate; **20.** appreciate; **21.** appropriate; **22.** interrogate; **23.** concentrate; **24.** initiate; **25.** operate

07. ATION

01. donation; **02.** cooperation; **03.** imagination; **04.** nomination; **05.** reservation; **06.** violation; **07.** situation; **08.** dedication; **09.** occupation; **10.** preservation; **11.** administration; **12.** organization; **13.** generation; **14.** operation; **15.** combination; **16.** accusation; **17.** inspiration; **18.** transportation; **19.** separation; **20.** explanation; **21.** education; **22.** unification; **23.** information; **24.** qualification; **25.** temptation

08. ED

01. surprised; **02.** bored; **03.** sun-tanned; **04.** blue-eyed; **05.** thrilled; **06.** clogged; **07.** laminated; **08.** freckled; **09.** troubled; **10.** addicted; **11.** oval-shaped; **12.** skilled; **13.** retired; **14.** bad-tempered; **15.** decaffeinated; **16.** suited; **17.** appalled; **18.** medium-sized; **19.** deceased; **20.** bearded; **21.** left-handed; **22.** worried; **23.** talented; **24.** ashamed; **25.** loaded

09. EE

01. refugee; **02.** employee; **03.** retiree; **04.** trainee; **05.** divorcee; **06.** deportee; **07.** detainee; **08.** nominee; **09.** addressee; **10.** escapee; **11.** franchisee; **12.** amputee; **13.** abductee; **14.** evacuee; **15.** interviewee; **16.** trustee; **17.** payee; **18.** committee; **19.** adoptee; **20.** attendee; **21.** honoree; **22.** devotee; **23.** lessee; **24.** appointee; **25.** absentee

10. EN

01. stiffened; **02.** sweeten; **03.** threaten; **04.** whiten; **05.** shorten; **06.** quieten; **07.** weaken; **08.** freshen; **09.** widened; **10.** cheapen; **11.** tighten; **12.** deafen; **13.** darkening; **14.** frighten; **15.** straighten; **16.** worsen; **17.** broaden; **18.** loosen; **19.** hardens; **20.** lessen; **21.** quicken; **22.** saddens; **23.** sharpen; **24.** sickened; **25.** soften

11. ENCE

01. violence; **02.** patience; **03.** audience; **04.** evidence; **05.** consequence; **06.** intelligence; **07.** prudence; **08.** independence; **09.** conference; **10.** convenience; **11.** experience; **12.** influence; **13.** coincidence; **14.** innocence; **15.** opulence; **16.** confidence; **17.** residence; **18.** turbulence; **19.** insistence; **20.** negligence; **21.** disobedience; **22.** convalescence; **23.** interference; **24.** impotence; **25.** adolescence

12. ER

01. waiter; **02.** sprinkler; **03.** cashier; **04.** singer; **05.** teacher; **06.** writer; **07.** owner; **08.** miner; **09.** producer; **10.** eraser; **11.** banker; **12.** golfer; **13.** killer; **14.** manager; **15.** admirer; **16.** lawyer; **17.**

Respostas dos exercícios

swimmer; **18.** beginner; **19.** dancers; **20.** founder; **21.** gambler; **22.** attacker; **23.** painter; **24.** plumber; **25.** winner

13. ERY
01. bravery; **02.** machinery; **03.** pottery; **04.** bakery; **05.** brewery; **06.** savagery; **07.** robbery; **08.** shivery; **09.** archery; **10.** discovery; **11.** surgery; **12.** buttery; **13.** refinery; **14.** nursery; **15.** recovery; **16.** silvery; **17.** delivery; **18.** mockery; **19.** adultery; **20.** forgery; **21.** distillery; **22.** slavery; **23.** tannery; **24.** scenery; **25.** bribery

14. ESS
01. tigress; **02.** benefactress; **03.** heiress; **04.** governess; **05.** stewardess; **06.** waitress; **07.** duchess; **08.** actress; **09.** mistress; **10.** princess; **11.** giantess; **12.** empress; **13.** baroness; **14.** lioness; **15.** goddess; **16.** adulteress; **17.** countess; **18.** seamstress; **19.** proprietress; **20.** seductress; **21.** manageress; **22.** sculptress; **23.** millionairess; **24.** marchioness; **25.** authoress

15. FUL
01. colorful; **02.** beautiful; **03.** cheerful; **04.** faithful; **05.** wonderful; **06.** forgetful; **07.** hopeful; **08.** meaningful; **09.** respectful; **10.** powerful; **11.** peaceful; **12.** successful; **13.** thoughtful; **14.** tasteful; **15.** graceful; **16.** careful; **17.** tactful; **18.** painful; **19.** sinful; **20.** stressful; **21.** useful; **22.** fruitful; **23.** tearful; **24.** harmful; **25.** delightful

16. IAN
01. guardian; **02.** magician; **03.** comedian; **04.** equestrian; **05.** musician; **06.** Arabian; **07.** Asian; **08.** Martian; **09.** Indian; **10.** authoritarian; **11.** optician; **12.** Persian; **13.** pedestrian; **14.** Caucasian; **15.** civilian; **16.** barbarian; **17.** Brazilian; **18.** Canadian; **19.** electrician; **20.** beautician; **21.** Hungarian; **22.** Christian; **23.** dalmatian; **24.** Victorian; **25.** Scandinavian

17. IBLE
01. visible; **02.** irresistible; **03.** reversible; **04.** sensible; **05.** fallible; **06.** flexible; **07.** incredible; **08.** legible; **09.** indestructible; **10.** plausible; **11.** accessible; **12.** responsible; **13.** invincible; **14.** convertible; **15.** edible; **16.** horrible; **17.** divisible; **18.** incompatible; **19.** perceptible; **20.** comprehensible; **21.** possible; **22.** susceptible; **23.** corruptible; **24.** audible; **25.** eligible

18. IC
01. tragic; **02.** futuristic; **03.** scientific; **04.** heroic; **05.** charismatic; **06.** melodic; **07.** erotic; **08.** fanatic; **09.** photographic; **10.** lunatic; **11.** historic; **12.** chaotic; **13.** realistic; **14.** democratic; **15.** climatic; **16.** catastrophic; **17.** aristocratic; **18.** therapeutic; **19.** telepathic; **20.** alcoholic; **21.** romantic; **22.** traumatic; **23.** optimistic; **24.** pornographic; **25.** neurotic

19. IFY
01. terrify; **02.** purify; **03.** solidify; **04.** modify; **05.** identify; **06.** testify; **07.** justify; **08.** satisfy; **09.** quantify; **10.** amplify; **11.** classify; **12.** exemplify; **13.** clarify; **14.** unify; **15.** electrify; **16.** verify; **17.** specify; **18.** horrify; **19.** diversify; **20.** certify; **21.** simplify; **22.** disqualified; **23.** intensify; **24.** falsify; **25.** notify

Aumente o seu vocabulário em inglês

Respostas dos exercícios

20. ING
01. painting; 02. crying; 03. demanding; 04. provoking; 05. missing; 06. teaching; 07. spelling; 08. meaning; 09. swimming; 10. blessing; 11. meeting; 12. fishing; 13. mining; 14. landing; 15. following; 16. building; 17. beginning; 18. feeling; 19. running; 20. drawing; 21. finding; 22. corresponding; 23. drinking; 24. tiring; 25. touching

21. ISH
01. foolish; 02. boyish; 03. snobbish; 04. grayish; 05. freakish; 06. bookish; 07. bearish; 08. greenish; 09. stylish; 10. largish; 11. moreish; 12. brownish; 13. selfish; 14. babyish; 15. shortish; 16. brutish; 17. mannish; 18. oldish; 19. reddish; 20. feverish; 21. fiendish; 22. prudish; 23. whitish; 24. childish; 25. pinkish

22. ISM
01. tourism; 02. fanaticism; 03. racism; 04. professionalism; 05. terrorism; 06. feminism; 07. optimism; 08. metabolism; 09. journalism; 10. nepotism; 11. alcoholism; 12. nudism; 13. mechanism; 14. sexism; 15. vandalism; 16. negativism; 17. Catholicism; 18. heroism; 19. symbolism; 20. sensationalism; 21. euphemism; 22. antagonism; 23. sadism; 24. voyeurism; 25. expansionism

23. IST
01. artist; 02. therapist; 03. racist; 04. economist; 05. journalist; 06. dermatologist; 07. naturist; 08. gynecologist; 09. exhibitionist; 10. nudist; 11. terrorist; 12. dentist; 13. communist; 14. feminist; 15. pianist; 16. activist; 17. vocalist; 18. bigamist; 19. cartoonist; 20. tourist; 21. capitalist; 22. moralist; 23. hypnotist; 24. cardiologist; 25. receptionist

24. ITION
01. audition; 02. transition; 03. demolition; 04. proposition; 05. tradition; 06. inhibition; 07. abolition; 08. intuition; 09. acquisition; 10. composition; 11. supposition; 12. nutrition; 13. petition; 14. premonition; 15. competition; 16. position; 17. definition; 18. prohibition; 19. superstition; 20. deposition; 21. exhibition; 22. condition; 23. ambition; 24. expedition; 25. ignition

25. ITY
01. fatality; 02. authority; 03. dexterity; 04. charity; 05. identity; 06. activity; 07. generosity; 08. personality; 09. publicity; 10. maturity; 11. brutality; 12. fidelity; 13. authenticity; 14. longevity; 15. calamity; 16. hospitality; 17. creativity; 18. curiosity; 19. virginity; 20. nationality; 21. paternity; 22. electricity; 23. reality; 24. adversity; 25. formality

26. IVE
01. supportive; 02. competitive; 03. productive; 04. effective; 05. talkative; 06. active; 07. demonstrative; 08. informative; 09. provocative; 10. repetitive; 11. addictive; 12. creative; 13. repulsive; 14. protective; 15. inventive; 16. introspective; 17. compulsive; 18. progressive; 19. conclusive; 20. impressive; 21. explosive; 22. submissive; 23. impulsive; 24. initiative; 25. possessive

Respostas dos exercícios

27. IZE
01. organize; **02.** criticize; **03.** realize; **04.** authorize; **05.** minimize; **06.** localize; **07.** centralize; **08.** terrorize; **09.** tranquilize; **10.** fantasize; **11.** socialize; **12.** hypnotize; **13.** verbalize; **14.** traumatized; **15.** generalize; **16.** commercialize; **17.** externalize; **18.** recognize; **19.** visualize; **20.** colonize; **21.** penalize; **22.** memorize; **23.** normalize; **24.** economize; **25.** symbolize

28. LESS
01. homeless; **02.** jobless; **03.** breathless; **04.** fearless; **05.** moneyless; **06.** meaningless; **07.** childless; **08.** painless; **09.** endless; **10.** restless; **11.** useless; **12.** topless; **13.** speechless; **14.** powerless; **15.** sleepless; **16.** motionless; **17.** priceless; **18.** tasteless; **19.** nameless; **20.** harmless; **21.** careless; **22.** lifeless; **23.** friendless; **24.** cloudless; **25.** countless

29. LY
01. rarely; **02.** terribly; **03.** usually; **04.** lately; **05.** really; **06.** kindly; **07.** specially; **08.** constantly; **09.** happily; **10.** madly; **11.** seriously; **12.** recently; **13.** secretly; **14.** probably; **15.** finally; **16.** weekly; **17.** obviously; **18.** immediately; **19.** gladly; **20.** casually; **21.** completely; **22.** quickly; **23.** definitely; **24.** temporarily; **25.** exactly

30. MENT
01. equipment; **02.** disappointment; **03.** agreement; **04.** punishment; **05.** embarrassment; **06.** arrangement; **07.** advertisement; **08.** engagement; **09.** appointment; **10.** payment; **11.** development; **12.** retirement; **13.** excitement; **14.** involvement; **15.** encouragement; **16.** movement; **17.** establishment; **18.** improvement; **19.** replacement; **20.** treatment; **21.** entertainment; **22.** refinement; **23.** investment; **24.** management; **25.** statement

31. NESS
01. happiness; **02.** sadness; **03.** sweetness; **04.** emptiness; **05.** selfishness; **06.** nervousness; **07.** loveliness; **08.** tardiness; **09.** darkness; **10.** dizziness; **11.** illness; **12.** loneliness; **13.** madness; **14.** coldness; **15.** weakness; **16.** sickness; **17.** shyness; **18.** kindness; **19.** bitterness; **20.** dryness; **21.** redness; **22.** ugliness; **23.** rudeness; **24.** blackness; **25.** sharpness

32. OR
01. translator; **02.** sailor; **03.** investigator; **04.** decorator; **05.** supervisor; **06.** survivor; **07.** elevator; **08.** sculptor; **09.** calculator; **10.** generator; **11.** professor; **12.** escalator; **13.** detector; **14.** visitor; **15.** director; **16.** governor; **17.** actor; **18.** donors; **19.** refrigerator; **20.** competitor; **21.** dictator; **22.** conductor; **23.** aggressor; **24.** instructor; **25.** ventilator

33. ORY
01. illusory; **02.** migratory; **03.** obligatory; **04.** respiratory; **05.** inflammatory; **06.** contradictory; **07.** defamatory; **08.** satisfactory; **09.** hallucinatory; **10.** transitory; **11.** exploratory; **12.** preparatory; **13.** explanatory; **14.** predatory; **15.** discriminatory; **16.** observatory; **17.** conservatory; **18.** mandatory; **19.** recriminatory; **20.** regulatory; **21.** condemnatory; **22.** accusatory; **23.** conciliatory; **24.** introductory; **25.** celebratory

Respostas dos exercícios

34. OUS
01. religious; **02.** ambitious; **03.** conscious; **04.** ridiculous; **05.** malicious; **06.** mysterious; **07.** vigorous; **08.** poisonous; **09.** curious; **10.** delicious; **11.** monotonous-tedious; **12.** anxious; **13.** furious; **14.** jealous; **15.** nervous; **16.** generous; **17.** adulterous; **18.** courageous; **19.** glamorous; **20.** pretentious; **21.** sensuous; **22.** prestigious; **23.** dangerous; **24.** famous; **25.** superstitious

35. SHIP
01. ownership; **02.** leadership; **03.** apprenticeship; **04.** scholarship; **05.** dictatorship; **06.** championship; **07.** companionship; **08.** comradeship; **09.** relationship; **10.** censorship; **11.** courtship; **12.** authorship; **13.** partnership; **14.** hardship; **15.** flagship; **16.** acquaintanceship; **17.** lordship; **18.** craftsmanship; **19.** governorship; **20.** membership; **21.** internship; **22.** friendship; **23.** sponsorship; **24.** dealership; **25.** citizenship

36. Y
01. cloudy; **02.** creamy; **03.** dirty; **04.** funny; **05.** rainy; **06.** windy; **07.** sleepy; **08.** messy; **09.** sexy; **10.** bossy; **11.** thirsty; **12.** sunny; **13.** tasty; **14.** risky; **15.** roomy; **16.** hairy; **17.** juicy; **18.** skinny; **19.** rusty; **20.** silky; **21.** classy; **22.** salty; **23.** guilty; **24.** wavy; **25.** sticky

37. POSSÍVEIS RESPOSTAS
01. dangerous-dangerously-endanger **02.** happily-happiness-unhappy **03.** assistant-assistance **04.** sleepy-sleepless **05.** sexual-sexy-sexism-sexuality-asexual **06.** importantly-importance-unimportant **07.** imaginable-imaginary-imagination-imaginative-unimaginable **08.** understanding-misunderstand-misunderstanding **09.** musical-musically-musician **10.** action-acting-active-activism-activist-activity-actor-actress-inactivity **11.** explosion-explosive-explosively **12.** production-productive-productivity-unproductive **13.** careful-carefully-careless **14.** employee-employer--employment-unemployed-unemployment **15.** freezer-freezing **16.** useful-usefully-useless-user **17.** player-playful-playfully-playfulness **18.** courageous-encourage-encouragment-encouraging-discouraging-discouragement **19.** nationalism-nationalist-nationalistic-nationality-nationalize-international **20.** painful-painfully-painless-painlessly

38. POSSÍVEIS RESPOSTAS
01. politician-political-politically; **02.** pronunciation-mispronounce; **03.** sweetness-sweeten; **04.** swimmer-swimming; **05.** reader-reading; **06.** writer-writing; **07.** visible-visibility-invisible; **08.** humanity-inhuman-humanist-humanism; **09.** beautiful-beautician; **10.** tasteless-tasteful-distasteful; **11.** colorful-colorless; **12.** continental-intercontinental-transcontinental; **13.** fatten-fattening-fatty; **14.** pleasure-pleasant-unpleasant; **15.** creation-creative-creator-creativity; **16.** friendly-friendless-friendship; **17.** artist-artistic-artistically-artful; **18.** powerful-powerless; **19.** disapprove-approval; **20.** obedience-obedient-disobedience-disobedient-disobey

39. POSSÍVEIS RESPOSTAS
01. fishing-fishy; **02.** reality-unreal; **03.** addition-additional; **04.** agreement-disagree; **05.** retirement-retiree; **06.** treatment-mistreat; **07.** movement-moving; **08.** respectful-disrespect; **09.** sociable-unsocial; **10.** heroic-heroism; **11.** faithful-unfaithful; **12.** meaningful-meaningless; **13.** vibration-vibrator; **14.** hairless-hairy; **15.** familiarize-unfamiliar; **16.** initiative-initial; **17.** president-presidential; **18.** consciousness-unconscious; **19.** childless-childish; **20.** package-unpack

Índice Remissivo

A

aback 11
abductee 53
able 7 122
abnormal 120
aboard 11 130
abolition 83
abreast 11
abroad 11
absentee 53
accept 115 117 122
acceptable 39 122
acceptance 122
accessible 36 69
accessory 101
accidental 43
accommodate 47
accommodation 49
accountant 45
accuracy 122
accurate 47 122
accurately 122
accusation 49 120
accusative 120
accusatory 101 120
accuse 120
accuser 120
acquaintanceship 105
acquisition 83
across 11
act 119
action 119
activate 47
active 36 87 119
activism 119
activist 81 119
activity 36 85
actor 37 99
actors 63
actress 63
addicted 51

addictive 87
additional 43
addressee 53
adequate 122
adjustable 39
adjustment 95
administration 49
admirer 59
admissible 69
adolescence 57
adoptee 53
adrift 11
adulteress 63
adulterous 103
adultery 61
adventurous 103
adversity 85
advertisement 95
advisory 101
afar 11 130
afloat 11
afoot 11
afresh 11
aggressive 87
aggressor 99
ago 11
agree 115 117 120
agreed 120
agreement 95 120
agriculture 37
aground 11 128
ahead 11
alarm 120
alarmed 120
alarming 120
alarmingly 120
alarmist 120
alcohol 126
alcoholic 71 126
alcoholism 79 126

alight 11
alike 11 124
alive 11
alone 11
along 11
aloud 11
alter 130
alteration 130
amateur 130
amateurish 77 130
amaze 120
amazed 120
amazement 120
amazing 120
amazingly 120
ambition 83 126
ambitious 103 126
ambitiously 126
amoral 33 124
amplification 126
amplifier 126
amplify 73 126
amputate 126
amputation 126
amputee 53 126
analysis 37
anew 11
angular 37
annoy 120
annoyance 120
annoyed 120
annoying 120
annoyingly 120
anonymity 126
anonymous 126
anonymously 126
answer 122
answerable 122
antagonism 36 79
antiaging 33

Aumente o seu vocabulário em inglês

139

Índice Remissivo

anticommunist 33
antidrug 8
antihero 8
antinausea 33
antinuclear 8
antisocial 8
antiwar 33
anxious 37 103
apart 7 11
apolitical 33
appalled 51
applicant 45
appointee 53
appointment 95
appreciate 127
appreciation 127
appreciative 127
apprenticeship 105
appropriate 47
approval 35 43 120
approve 117 120
approved 120
approving 120
Arabian 67
archery 61
Argentinian 67
argument 36
aristocracy 127
aristocrat 127

aristocratic 71 127
Armenian 67
around 11
arrangement 95
arrival 35
arrogant 45
art 122
artillery 61
artist 36 81 122
artistic 71 122
artistically 122
asexual 33 122
ashamed 11 51
ashore 11
Asian 67
aside 11
asleep 11
aspirant 45
aspiration 127
aspire 127
aspiring 127
assassin 127
assassinate 47 127
assassination 127
assertive 36
assistance 35
assistant 45
associate 127
association 35 49 127

athletic 71
atop 11 129
attacker 59
attend 122
attendance 122
attendant 45 122
attendee 53 122
attract 115 122
attraction 122
attractive 122
atypical 11
audible 69
audience 57
audition 83
Australian 67
authenticity 85
authoress 63
authoritarian 67
authority 85
authorize 36 89
authorship 105
autopilot 33
avenge 130
avenger 130
avoid 115 122
avoidable 39 122
avoidance 122
awake 11
away 11

B

babyish 77
bad-tempered 51
bake 127
baker 127
bakery 61 127
balanced 51
balloon 130
balloonist 130
bandage 41
banish 130
banishment 130
banker 59
barbarian 67
baroness 63

bearded 51
bearish 77
beautician 67 122
beautiful 65 122
beautify 122
beauty 122
begin 127
beginner 59 127
beginning 75 127
behave 119
behavior 119
behavioral 119
behaviorism 119
believable 120

believe 115 120
believer 120
benefactress 63
biannual 8
bicentennial 8
bigamist 81 127
bigamous 127
bigamy 127
bilateral 8
bilingual 8 33
biologic 36
biological 36
biology 37
biplane 8

Índice Remissivo

bitterness 97
black 127
blacken 55 127
blackish 36 77 127
blackness 97
blender 36
blessing 75
blockage 41
blue 130
blue-eyed 51
bluish 130
board 130
boil 122
boiled 122
boiler 122
boiling 122
book 122
bookable 122
bookish 77 122
bored 51
boring 75
bossy 107

boy 127
boyhood 127
boyish 77 127
brain 127
brainless 127
brainy 127
bravery 61
Brazilian 67
break 115 122
breakable 39 122
breakage 41 122
breathing 75
breathless 91
breeze 35
breezy 35
brewery 61
bribe 130
bribery 61 130
bridal 43 130
bride 130
brief 127
briefing 127

briefly 127
brighten 36 55
brightness 97
broaden 55
broken 55
brother 127
brotherhood 127
brotherhood 109
brotherly 127
brown 130
brownish 77 130
brutal 43 119
brutality 85 119
brutalize 119
brutally 119
brute 119
brutish 77 119
building 36 75
businesslike 109
butchery 61
buttery 61

C

caculate 115
calamity 85
calculator 37 59 99
Canadian 67
cancer 130
cancerous 130
capability 36
capitalist 81
cardiologist 81
care 115 122
careful 36 65 122
carefully 122
careless 91 122
carelessly 115
carriage 41
cartoonist 81
cashier 59
casually 93
catastrophic 71
Catholicism 79
Caucasian 67

celebrate 47
celebratory 101
censorship 105
center 120
central 120
centralism 120
centralization 120
centralize 36 89 120
certain 122
certainly 122
certainty 122
certify 73
championship 105
changeable 39
chaotic 71
charismatic 71
charity 85
charm 35 123
charmed 123
charming 123
charmless 35 123

cheap 127
cheapen 55 127
cheapness 127
cheerful 65
child 121
childhood 121
childish 77 121
childless 91 121
childproof 121
chilean 36
chosen 55
Christian 67
circle 123
circular 123
circulate 123
circulation 123
citizenship 105
civil 121
civilian 67 121
civilization 121
civilize 121

Aumente o seu vocabulário em inglês

Índice Remissivo

civilized 121
clarify 36 73
class 119
classic 119
classical 119
classify 73 119
classless 119
classy 107 119
clear 123
clearance 123
clearly 123
climatic 71
climb 127
climber 127
climbing 127
clinical 36
clogged 51
cloud 127
cloudless 91 127
cloudy 37 107 127
clue 130
clueless 130
coalition 83
coeducation 8
coexistence 8
coherence 36
coincidence 36 57
coldness 97
collectible 69
colonialism 79
colonize 89
color 121
colored 121
colorful 65 121
coloring 121
colorless 121
combination 49
comedian 35 36 67
comedy 35
comfort 115 117
commercialize 89
commitment 95
communism 36
communist 81
companionship 105
compatible 36

compensatory 101
competition 37 83
competitive 87
competitor 99
complete 123
completely 93 123
complication 49
composition 83
comprehensible 69
compulsive 87
comradeship 105
concentrate 127
concentrated 127
concentration 127
conciliatory 101
conclusive 87
condemnatory 101
condition 83 115
conductor 99
conference 57
confess 123
confession 123
confessional 123
confessor 123
confidence 57
confused 51
confusion 37
conscience 57
conscious 103 115
consequence 57
conservatory 101
consider 7 121
considerable 39 121
considerate 7 47 121
consideration 121
consignee 53
constant 45
constantly 93
construct 123
construction 123
constructive 123
constructor 123
consultant 45
contest 69 127
contestant 127
continental 43

continue 115 123
continuity 123
contradict 33
contradictory 101
convalescence 57
convenience 57
convention 115
convertible 69
cook 121
cooker 121
cooking 121
cooperate 8 115 123
cooperation 49 123
cooperative 123
coordinate 47
copilot 8 33
correct 121
correction 121
correctional 121
corrective 121
correspond 123
correspondence 123
correspondent 123
corresponding 75 123
corrupt 127
corruptible 69 127
corruption 127
count 35 115 123
countable 35 35 39 123
counterattack 33
counterculture 8 33
counterespionage 8
counteroffensive 8
counterspy 33
countess 63
countless 91 123
courage 121
courageous 103 121
courteous 123
courtesy 123
courtship 105
cover 123
coverage 41 123
craftsmanship 105
cream 127
creaminess 127

Índice Remissivo

creamy 37 107 127
create 47 119
creation 119
creative 87 119
creativity 85 119
creator 119
creature 119
crime 127
criminal 43 127
criminologist 127

crisis 37
critic 119
critical 119
critically 119
criticism 119
criticize 89 119
cry 130
crying 36 75 130
cultivate 47
cultural 43

curable 39
curiosity 85
curious 103
custom 123
customary 123
customer 123
customize 123
cut 127
cutlery 61 127
cynical 36

D

daily 36 93 130
dalmatian 67
dancer 59
danger 123
dangerous 103 123
dangerously 123
dark 127
darken 36 55 127
darkness 37 97 127
day 130
deafen 55
dealership 105
debauchee 53
debilitate 127
debilitating 127
debility 127
decaffeinated 33 51
deceased 51
decency 121
decent 121
decently 121
decentralize 33
decide 120
decided 120
decider 120
decision 37 120
decisive 120
decompose 8 33
decor 121
decorate 47 121
decoration 49 121
decorative 121
decorator 99 121

dedicate 127
dedicated 127
dedication 35 49 127
defamatory 101
defend 120
defendant 45 120
defense 120
defenseless 120
defensive 120
defensively 120
definitely 93
definition 83
defrost 8
degenerate 8 47
degradable 123
degradation 123
degrade 123
degrading 123
delicate 47
delicious 103
delightful 65
delivery 61
demanding 75
democratic 36 71
demolition 83
demonstrative 87
deniable 121
denial 35 121
dental 43
dentist 81
deny 115 121
deodorant 45
departure 37

deportee 53
deposition 83
depository 101
depress 121
depressed 121
depressing 121
depression 121
depressive 121
deregulation 8
dermatologist 81
descendant 45
describe 127
description 127
descriptive 127
desirable 39
destruct 123
destruction 123
destructive 87 123
detainee 53
detect 99
detector 99
detestable 39
detonator 99
devaluation 33
develop 35
development 35 36 95
devote 121
devoted 121
devotedly 121
devotee 53 121
devotion 121
dexterity 85
dictate 47

Aumente o seu vocabulário em inglês
143

Índice Remissivo

dictator 99
dictatorship 105
difference 57 120
different 120
differential 120
differently 120
direct 119
direction 119
directionless 119
directive 119
director 99 119
directory 119
dirty 107
disabled 122
disadvantage 13 33
disagree 13 33 120
disagreeable 115
disagreeably 117
disagreement 115 120
disappear 8 13
disappointment 95
disapprove 13
disapproving 120
disapprovingly 117
disarm 13
disassociate 13
disbelief 120
disbelieve 13
discharge 8
discomfort 13
disconnect 13
discontent 13
discontinuation 115
discontinue 13 123

discontinuous 123
discourage 13 121
discourteous 13 123
discourtesy 123
discover 8 13 123
discovery 61
discriminatory 101
disembark 13
disentangle 13
disgusted 51
dishonest 7 13 33 124
dishonestly 116
dishonor 13
disinherit 13 33
disintegrate 13
disinterested 116
dislike 8 13 124
dislocate 13
disloyal 13 129
dismiss 129
disobedience 57
disobedient 13 125
disorganized 13 125
displeased 116
disposable 39
disqualification 116
disqualify 13 73
disregard 8 13 125
disrespect 125
disrespectful 13 117
disrespectfully 118
dissatisfied 117 126
dissatisfy 13
dissociate 127

distant 45
distasteful 117 119
distillery 61
distrust 13
diversify 73
divide 123
divisible 69 123
division 37 123
divorcee 36 53
dizziness 97
do 127
doable 39 127
document 127
documentary 127
documentation 127
donation 49
donor 99
dosage 35 41
downward 37
draftee 53
drainage 41
dramatic 71
drawing 75
dream 128
dreamer 128
dreamless 128
drink 123
drinkable 35 39 123
drinker 123
drinking 75 123
drowning 75
dryness 97
duchess 63

E

easily 93
eatable 39
economic 121
economical 121
economist 81 121
economize 89 121
economy 121
edible 69
edition 83

education 49
effective 87
effectiveness 97
efficiency 123
efficient 123
efficiently 123
effortless 91
elaborate 47
electrician 67

electricity 85
electrify 73
elegant 45
elevator 37 99
eligible 69
embarrassment 95
emirate 47
emotion 128
emotional 128

Índice Remissivo

emotive 128
employ 35 123
employee 35 36 53 123
employer 123
empress 63
emptiness 37 97
enable 7 8 15 122
encage 15
encamp 15
encase 15
enchain 15
enchantress 63
encircle 15
encode 15
encourage 8 15 121
encouragement 95 121
end 116 123
endanger 8 15 123
ending 123
endless 91 123
endlessly 116 123
enfeeble 15
enforce 15
enframe 15
engagement 95
English 77
enjoy 15 120
enjoyable 120
enjoyment 120
enlace 15
enlarge 8 15
enlighten 15
enlist 15
ennoble 15
enrage 15

enrich 15 125
enrichment 125
enroll 15
enslave 7 15 129
ensure 8 15
entangle 15
entertainment 95
enthrone 15
entitle 15
entomb 15
entrance 35
entrap 15
entrust 15
envision 15 126
equestrian 67
equipment 95
eraser 36 59
erosion 37
erotic 71
escalator 37 99
escapee 53
espionage 35 41
establishment 95
euphemism 79
european 36
evacuee 53
event 116
evidence 57
exactly 36 93
exaggerate 47
excitement 95
exemplify 73
ex-fiancée 8
exhibition 83
exhibitionist 81

ex-husband 8
existence 57
expansionism 79
expect 116
expedition 83
expensive 128
expensively 128
experience 36 57
experimental 43
explain 121
explaining 121
explanation 49 121
explanatory 101 121
explode 123
exploded 123
exploration 121
exploratory 101 121
explore 121
explorer 121
explosion 37 123
explosive 87 123
exposition 83
ex-president 8
express 121
expression 121
expressionless 121
expressive 121
externalize 89
extramarital 33
extravagant 45
extreme 35
extremist 35
ex-wife 8 33

F

faith 117
faithful 65
fallible 69
falsify 73
fame 123
familiarity 85
familiarize 89
famous 37 103 123

famously 123
fan 128
fanatic 71 128
fanaticism 36 79 128
fantasize 89
far 130
fascinate 47
fashion 116

fashionable 39
fatality 85
father 35
fatherhood 35
fear 128
fearful 128
fearsome 109
fearless 91 128

Aumente o seu vocabulário em inglês

Índice Remissivo

feeling 75
feminine 123
femininity 123
feminism 79 123
feminist 81 123
feverish 77
fiction 35
fictitious 35
fidelity 85
fiendish 77
fight 128
fighter 128
fighting 128
filth 128
filthiness 128
filthy 128
filtrate 130
filtration 130
final 120
finalist 120
finality 120
finalization 120
finalize 89 120
finally 93 120
finance 123
financial 123
financially 123
financier 123
finding 75
finish 123

finished 123
finisher 123
fireproof 109
fish 123
fishery 123
fishing 75 123
fishmonger 109
fishy 123
fit 128
fitness 128
flagship 105
flatten 55
flexible 36 69
flowery 61
fluency 36
fog 130
foggy 130
following 75
foolish 36 77
forehead 33
forest 65
forgery 61
forget 116 123
forgetful 65 123
forgetfulness 123
forgivable 124
forgive 124
forgiveness 124
forgiving 124
formality 85

fortunate 116
founder 59
franchisee 53
freakish 77
freckled 51
freeze 128
freezer 36 128
freezing 36 128
frequency 124
frequent 124
frequently 36 124
freshen 55
Freudian 67
friend 116 121
friendless 91 121
friendly 121
friendship 105 121
frighten 55
fruitful 65
frustrate 124
frustrated 124
frustrating 124
frustration 124
fun 128
fundamental 43
funnily 128
funny 107 128
furious 103
futuristic 71

G

galactic 128
galaxy 128
gamble 128
gambler 59 128
gambling 128
generalize 89
generation 49
generator 99
generosity 85
generous 103
geographer 124
geographical 124
geographically 124

geography 124
geology 37
geriatrician 67
giantess 63
gladly 93
glamor 121
glamorize 121
glamorous 103 121
glamorously 121
gland 130
glandular 37 130
global 43
glorify 73

glue 130
gluey 130
goddess 63
gold 128
golden 59 128
goldish 128
golfer 59
goodness 97
govern 121
governess 63 121
government 121
governmental 121
governor 99 121

Índice Remissivo

governorship 105
graceful 65
grammar 124
grammarian 124
grammatical 124
grammatically 124
gray 130
grayish 77 130

grease 128
greasiness 128
greasy 107 128
green 124
greenery 124
greening 124
greenish 77 124
ground 128

grow 128
grower 128
growing 128
guard 130
guardian 36 67 130
guardianship 105
guilty 107
gynecologist 81

H

hair 128
hairless 91 128
hairy 107 128
Haitian 67
hallucinatory 101
happily 93
happiness 37 97 124
happy 116 124
harden 36 55
hardly 93
hardness 97
hardship 105
harm 128
harmful 65 128
harmless 91 128
headship 105
heiress 63
help 120
helper 120
helpful 120
helping 120
helpless 120
helplessly 120

herculean 36
heroic 71
heroism 79
hesitant 45
hesitate 47
high 130
highly 130
hill 130
hilly 130
historic 71
historical 36
homage 41
homeless 33 36 91
honest 7 116 124
honestly 124
honesty 124
honorable 39
hope 124
hopeful 65 124
hopefully 124
hopeless 91 124
horizon 128
horizontal 128

horizontally 128
hormonal 130
hormone 130
horrible 69
horrify 73
hospitality 85
hostage 41
hostile 130
hostility 130
humidity 36 85
Hungarian 67
hunt 124
hunter 124
hunting 75 124
huntress 63 124
hyperactive 33
hypnosis 121
hypnotic 121
hypnotism 121
hypnotist 81
hypnotize 89 121

I

icon 130
iconic 130
icy 107
ideal 43
identification 49 124
identify 35 36 73 124
identity 35 85 124
idol 130
idolize 130

ignition 83
ignorant 45
illegal 8 33
illegible 8 33
illicit 8
illimitable 33
illiterate 8 33
illness 37 97
illogical 8 116

illusionist 81
illusory 101
imaginable 35 39
imagination 35 49
imagine 116
immature 8
immediately 93
immigrant 45
immobile 33

Aumente o seu vocabulário em inglês 147

Índice Remissivo

immoral 124
immortal 8 33 124
immortality 124
immortalize 89 124
impatient 33
imperfect 33 120
imperfection 120
imperialism 79
impersonal 119
impolite 8 17 121
impolitely 121
important 45
imposition 83
impossible 8
impotence 57
impotent 8
imprecise 125
impressionism 79
impressive 87
imprison 125
imprisonment 125
improper 125
improperly 125
improve 128
improved 128
improvement 95 128
improvisation 130
improvise 130
impulsive 87
inaccurate 8 33 122
inactive 119
inadequacy 122
inadequate 17 122
inadequately 122
inappropriate 17
inaudible 17
incapable 17
incoherent 17
incompatible 17 69
incompetence 57
incompetent 17
incomplete 17 33 123
incompletely 123
inconsiderate 7 121
incontestable 127
inconvenient 17

incorrect 17 121
incorrigible 69
incredible 69
incurable 17
indecent 17 121
indecently 121
indecision 17
indefinite 17
indelicate 8
indelicate 17
independence 57
indestructible 69 123
Indian 67
indifference 120
indifferent 120
indirect 119
indivisible 123
inedible 17
ineffective 17
inefficient 123
inexpensive 128
inexperienced 17
inexpressive 121
infamous 123
infect 124
infected 124
infection 124
infectious 124
infer 130
inference 130
infidelity 17
inflammatory 101
influence 57
inform 120
informal 8 17 43 120
informant 45
information 49 120
informative 87 120
informer 120
infrequent 124
inhabitant 45
inherit 128
inheritance 128
inheritor 128
inhibition 83
initial 121

initialize 121
initiate 47 121
initiation 121
initiative 87 121
innocence 57
innovative 87
inoperative 125
insanity 17 85
insecure 17
insensible 117
insensitive 17 33
inseparable 17
insignificant 45
insincere 8 17
insistence 57
inspiration 49
instinct 35
instinctive 35
instructor 99
instrumental 43
insufficient 17
insufficiently 117
intelligence 36 57
intelligent 116
intensify 36 73
intention 116 118
intercontinental 8
interdepartmental 8 33
interest 65 116
interference 57
intergalactic 128
international 8 119
internship 105
interrogate 47
interviewee 36 53
intolerance 120
intolerant 17 120
intravenous 33
introduction 37
introductory 101
introspective 87
intuition 83
invalid 17 122
invent 124
invention 124
inventive 87 124

Índice Remissivo

inventor 99 124
investigate 47 99 124
investigation 124
investigative 87 124
investigator 99 124
investment 95
invincible 69
invisible 17

involuntary 17
involvement 36 95
inward 37
ironic 128
ironically 128
irony 128
irreconcilably 118
irrecoverably 118

irregular 8 33 122
irregularly 117
irrelevant 8 33
irresistible 69 117 125
irresponsibile 33
irresponsible 8 129
isolate 47

J

Japanese 109
jealous 103
jewel 128
jeweler 128
jewelry 128
Jewess 63
jobless 36 91

journalism 36 79
journalist 81
joy 120
joyful 65 120
joyfully 120
judge 116 128
judgment 95 128

judgmental 128
juicy 107
jump 128
jumper 128
jumpy 128
justify 73

K

kill 128
killer 59 128
killing 36 75 128

kind 120
kindly 93 120
kindness 97 120

kingdom 109
kinship 105

L

laminated 51
landing 75
largish 77
lately 93
law 128
lawful 128
lawless 128
lawyer 59
laziness 97
lead 124
leader 124
leadership 105 124
leading 124
leakage 41
learn 124
learned 124
learner 124
learning 124
left-handed 51
leftward 37

legalize 36
legend 130
legendary 130
legible 36 69
lessee 53
lessen 55
liberal 43
licensee 53
lifeless 91
lighter 36
likable 39
like 116 124
likewise 109
lineage 41
linkage 41
lioness 63
liquefy 73
liquify 73
loaded 51
local 124

localize 89 124
locate 47
location 124
lock 124
locker 59 124
logic 116
Londoner 59
loneliness 97
longevity 85
loosen 55
lordship 105
loud 128
loudly 128
loudness 128
lovable 124
love 124
loveliness 97
lovely 124
loving 124
loyal 129

Aumente o seu vocabulário em inglês

Índice Remissivo

loyalty 129
lubricant 45

lunatic 71
luncheonette 109

M

machinery 61
mad 129
madly 93 129
madness 97 129
magic 124
magical 124
magically 124
magician 67 124
magnet 124
magnetic 124
magnetism 124
magnetize 124
main 130
mainly 130
maladjusted 8
malfunction 8 33
malicious 103
malnutrition 33
malpractice 8 33
maltreat 8 126
management 95
manager 59
manageress 63
mandatory 101
manipulative 87
mannish 77
marchioness 63
marksmanship 105
marriage 41 121
married 121
marry 121
Martian 67
maternity 36
maturity 85
meaning 36 75
meaningful 65
meaningless 33 91
measurement 95
mechanism 79
medalist 81
medium-sized 51

meeting 75
megaphone 8
megastar 8
megastore 8
melodic 71
membership 105
memorable 39
memorize 89
mentality 85
merciful 65
mess 130
messy 37 107 130
metabolism 79
microchip 33
migratory 101
mileage 35
millionairess 63
miner 59
minibus 33
minimize 89
mining 75
misaddress 19
misapply 8
misappropriate 19
misbehave 8 19 33 119
miscalculate 19
miscalculation 115
misconception 19
misconduct 19
miscount 19 123
misdirect 19
misfortune 19
misgovern 19
mishandle 19
mishear 19
misinform 19
misinterpret 19
misjudge 19
misjudgement 116
mislead 19
mismanage 19

mismatch 19
misplace 7 19
misprint 19
mispronounce 19 33 129
mispronunciation 116
misquote 19
misread 19
misreport 19
miss 129
missing 75 129
misspell 8 19 33
misspend 19
mistreat 19 126
mistress 63
mistrust 19
misunderstand 8 19 126
misunderstanding 117
misuse 19 122
mockery 61
modernize 89
modify 36 73
moneyless 91
monitor 99
monogamy 8
monolingual 8
monosyllabic 8
monotonous 103
moral 124
moralist 81
morally 124
moreish 77
mortal 124
mortify 73
motionless 91
movable 124
move 124
movement 95 124
moving 124
mud 130
muddy 107 130
multichoice 8

150

Ricardo Bruschini

Índice Remissivo

multicolored 8
multifunction 33
multimedia 8
multinational 8

music 124
musical 43 124
musically 124
musician 36 67 124

mysterious 103
mystify 73

N

name 129
nameless 91 129
nation 119
national 119
nationalism 79 119
nationalist 119
nationality 85 119
nationalize 119
natural 43 124
nature 124
naturist 81 124
necessity 85
need 129
needless 91 129
needy 129
negativism 79
negligence 57
negotiable 124
negotiate 124
negotiation 124
negotiator 124

nepotism 79
nervous 37 103
nervousness 97
neurosis 37
neurotic 71
new 125
newish 77 125
newly 125
New Zealander 59
nominal 120
nominally 120
nominate 47 120
nomination 49 120
nominative 120
nominee 53 120
nonalcoholic 8 33
nonfattening 8
nonsinkable 33
nonsmoker 33
nontoxic 8
norm 120

normal 43 120
normality 120
normalize 89 120
normally 36 93 120
Norwegian 67
notify 73
nourish 129
nourishing 129
nourishment 129
nude 125
nudism 79 125
nudist 81 125
nudity 125
numeral 120
numerate 120
numerator 120
numerical 120
numerically 120
numerous 120
nursery 61
nutrition 83

O

obedience 125
obedient 125
obey 125
obligatory 101
observation 125
observatory 101 125
observe 125
observer 125
obstetrician 67
obvious 130
obviously 93 130
occasion 129
occasional 129
occasionally 129
occupant 45 120

occupation 49 120
occupational 120
occupied 120
occupier 120
occupy 120
odor 130
odorless 130
oldish 77
operate 47 125
operation 49 125
operational 125
oppress 120
oppressed 120
oppression 120
oppressive 120

oppressively 120
oppressor 120
optician 67
optimism 79
optimistic 71
opulence 57
organization 49 125
organize 36 89 125
organized 125
original 43
orphan 130
orphanage 41 130
outcome 8
outlaw 8
outline 8

Aumente o seu vocabulário em inglês

Índice Remissivo

outlive 8
outsell 8
outsider 8
oval-shaped 51
overact 21
overactive 21
overage 21
overbook 21 122
overburden 21
overcharge 21
overcome 21
overcook 21
overcrowded 21

overdecorated 21
overdose 21
overdressed 21
overeat 21
overestimate 8 21
overfeed 21
overheat 21
overload 21
overpopulated 21
overpriced 21
overproduction 21
overprotect 8
overprotective 21

overqualified 21
overrate 21
overreact 21
oversize 21
oversleep 7 21
overspend 21
overtime 21
overuse 21
overweight 8 21 126
owner 59
ownership 105

P

pacify 73
pack 121
package 41 121
packer 121
packing 121
paid 7
pain 125
painful 36 65 125
painfully 125
painless 36 91 125
paint 35 129
painter 35 59 129
painting 75 129
paralysis 109
parentage 41
part 7
participant 45
participatory 101
partnership 105
passage 35 41
patentee 53
paternity 85
patience 57
payee 53
payment 36 95
peaceful 36 65
pedestrian 67
penalize 89
penniless 130
penny 130

percentage 41
perceptible 69
perfect 120
perfection 120
perfectionism 120
perfectionist 120
performance 35
perfume 130
perfumery 61 130
Persian 67
persist 125
persistence 125
persistent 125
persistently 125
person 119
personal 119
personality 36 85 119
personalize 89 119
personally 119
personify 73 119
petition 83
pharmacist 81
phonetic 36
photograph 125
photographer 125
photographic 71 125
photography 125
pianist 36 81 130
piano 130
pilgrimage 41

pink 130
pinkish 77 130
place 7
plant 125
plantation 125
planter 125
planting 125
plausible 69
play 125
player 125
playful 65 125
playfully 125
pleasant 45 125
pleasantly 125
please 116 116 125
pleasure 37
plumage 41
plumber 59
pointless 91
poison 130
poisonous 37 103 130
policy 125
polite 121
politely 121
politeness 121
political 36 125
politically 125
politician 36 67
politics 125
popular 37

152

Ricardo Bruschini

Índice Remissivo

populist 81
pornographic 71
portrait 7
position 83
possessive 87
possible 36 69
postage 41
postal 43
postgraduate 9
post-industrial 9
postnatal 9
postpaid 33
postwar 9
pottery 61
powerful 36 65
powerless 91
pray 130
prayer 130
preadolescent 9
prearranged 33
precise 125
precisely 125
precision 125
precolonial 9
predator 130
predatory 101 130
predict 116
predict 121
predictable 39 121
prediction 121
predictive 121
predominant 45
prefer 125
preferable 125
preference 57 125
preferential 125
pregnancy 36 130
pregnant 45
pregnant 130
premonition 83

prenatal 9 33
preparatory 101
present 125
presentable 39 125
presentation 125
presenter 125
preservation 49
prestigious 103
pretentious 103
price 129
priceless 91 129
pricey 129
princess 63
principality 85
print 125
printable 125
printer 36 59
printer 125
printing 125
prison 125
prisoner 125
privacy 36
probably 93
problematic 36 71
pro-british 9
pro-choice 9
pro-communist 9
produce 121
producer 59
producer 121
production 37
production 121
productive 87 121
professionalism 79
professor 99
profit 129
profitability 129
profitable 39 129
progressive 87
prohibit 129

prohibition 83 129
prohibitive 129
project 125
projection 125
projectionist 125
projector 99 125
pro-life 9
promiscuous 103
promote 125
promoter 125
promotion 125
promotional 125
pronounce 116 129
pronunciation 49 129
proper 125
properly 125
proposal 35 121
propose 35 121
proposed 121
proposer 121
proposition 83 121
proprietress 63
prostitute 130
prostitution 130
protect 125
protection 125
protective 87 125
protector 125
provocative 36 87
provoking 75
pro-war 9
prudence 57
prudish 77
pseudoscience 33
psychology 37
publicity 85
publish 116
punishment 95
purify 73
putrefy 73

Q

qualification 49
qualify 116
quantification 121

quantifier 121
quantify 73 121
quantitative 121

quantity 121
question 116 118 122
questionable 35 122

Aumente o seu vocabulário em inglês

Índice Remissivo

questioner 122
questioning 122
quick 129
quicken 36 55 129
quickly 93 129

quiet 122
quieten 55 122
quietly 122
quietness 122
quit 130

quitter 130
quotation 130
quote 130

R

race 125
racial 125
racism 79 125
racist 81 125
rain 130
rainy 37 107 130
rarely 93
readership 105
readjust 23
reaffirm 23
real 116 120
realistic 71 120
reality 85 120
realize 89 120
really 36 93 120
reappear 23
rearrange 23
reason 125
reasonable 125
reasonably 125
reassure 23
rebuild 23
recapture 23
recently 93
receptionist 81
recharge 23
recognizable 39
recognize 89
reconcile 118
reconsider 7 9 23
reconstruct 23
recount 23
recover 118 123
recovery 61
recreate 9
recreate 23
recriminatory 101
reddish 77

redial 9 23
redirect 23
rediscover 23
redness 97
redo 23
reeducate 23
reelect 23
refill 23
refined 51
refinement 95
refinery 61
refrigerator 99
refugee 53
regain 23
regard 125
regarding 125
regardless 125
regular 37 117 122
regularity 122
regularize 122
regularly 122
regulate 47
regulatory 101
rehearsal 43
reinvent 23
relationship 105
relevant 45
religious 37 103
relocate 23 124
reluctant 45
remake 9 23
remarkable 39
remarry 23 121
remove 9
rename 23
renew 125
renewable 39
renewal 35

reopen 23
reorganize 23
repetition 83
repetitive 87
replacement 95
reproduce 23
repugnant 45
repulsive 87
request 65
requirement 95
reschedule 23
reservation 49
reside 122
residence 57 122
residency 122
resident 122
residential 122
resist 117 125
resistance 35 125
resistant 45 125
respect 117 118 125
respectable 39 125
respectful 36 65 125
respiratory 101
responsibility 129
responsible 69 129
rest 117
restless 91
restlessly 117
retired 51
retiree 36 53
retirement 95
returnable 39
returnee 53
reversible 69
revolution 37
rewrite 23
rich 125

Índice Remissivo

richness 125
ridiculous 103
risky 107
robbery 61
Romanesque 109

romantic 71
room 130
roomy 107 130
rudeness 97
run 129

runner 129
running 75 129
rusty 107

S

sadden 55
sadism 79
sadness 37 97
said 7
sailor 37 99
salty 37 107
satisfaction 126
satisfactory 101 126
satisfy 73 117 126
savagery 61
say 129
saying 129
Scandinavian 67
scenery 61
scholarship 105
schoolmistress 63
science 126
scientific 71 126
scientifically 126
scientist 126
sculptor 99
sculptress 63
sculpture 37
seamstress 63
secretly 93
sedate 47
seduce 122
seducer 122
seduction 122
seductive 122
seductress 63 122
self 117
self-absorbed 25
self-analysis 25
self-assessment 25
self-assurance 25
self-censorship 25
self-centered 25

self-confidence 25
self-conscious 25
self-control 9 25
self-defense 25
self-destruction 9
self-destructive 25
self-discipline 25
self-esteem 25
self-examination 25
self-explanatory 25
self-help 25
self-hypnosis 25 121
self-imposed 25
self-inflicted 25
selfish 36 77
selfishness 97
self-made 9 25
self-pity 25
self-portrait 7 25
self-preservation 25
self-proclaimed 25
self-protection 25
self-respect 25
self-service 9 25
self-sufficient 25
self-sustaining 25
self-taught 25
semiarid 9
semicircle 9 33
semiofficial 9
semiprecious 9
sensationalism 79
sense 117
sensible 69
sensual 43
sensuous 103
sentimental 43
separation 49

Serbian 67
seriously 93
servant 45
sex 122
sexism 79
Sexologist 81
sexual 43 122
sexually 122
sexy 107 122
shameful 65
sharpen 55
sharpness 97
shivery 61
short 126
shortage 35 41 126
shorten 55 126
shortish 77 126
shyness 97
sicken 55
sickness 97
signature 37
silk 126
silken 126
silkiness 126
silky 107 126
silvery 61
simplify 73
simulate 47
simulator 99
sinful 65
sing 129
singaporean 36
singer 59 129
singing 129
situation 49
skilled 51
skinny 107
skyward 37

Aumente o seu vocabulário em inglês

Índice Remissivo

slave 7 129
slavery 61 129
sleep 7
sleepless 91
sleepy 37 107
slowly 93
smoke 126
smokeless 126
smoker 126
smoking 126
snob 35
snobbish 35 36 77
snowy 107
sociable 39 120
social 120
socialism 79 120
socialist 120
socialize 36 89 120
socially 120
sociology 37
soft 122
soften 55 122
softener 122
softly 122
softness 122
solidify 73
solution 37
sorceress 63
southward 109
southwest 65
spacious 103
specialist 36 81

specially 93
specify 73
speechless 33 36 91
spelling 75
spillage 41
spoken 55
sponsorship 105
spoonful 65
sprinkler 59
statement 95
stewardess 63
sticky 107
stiffen 55
stolen 55
storage 41
stormy 107
straighten 55
strategic 71
stressful 65
stylish 77
subatomic 33
subgenre 9
subgroup 9
submissive 87
subspecies 9
subtropical 9
subzero 9 3
successful 65
sufficient 117
suggest 65
suit 126
suitable 39 126

suited 51 126
sun 130
sunny 107 130
sun-tanned 51
superego 9
superhero 9
supermodel 33
supernatural 9
supersonic 9
superstition 83
superstitious 103
supervisor 99
supportive 87
supposition 83
surgery 61
surprised 51
survival 126
survive 126
surviving 126
survivor 99 126
susceptible 69
suspicious 103
sweet 35 126
sweeten 55 126
sweetener 126
sweetness 35 97 126
swimmer 59
swimming 36 75
symbol 126
symbolic 126
symbolism 79 126
symbolize 89 126

T

tactful 65
talented 51
talkative 36
talkative 87
tangible 69
tannery 61
Tanzanian 67
tardiness 97
taste 117 119
tasteful 65 119
tastefully 119

tasteless 91 119
taster 119
tasty 107 119
tattooed 51
tattooist 81
teach 129
teacher 59 129
teaching 75 129
tearful 65
technician 67
tedious 103

telepathic 71
temperamental 43
temporarily 93
temptation 49
terrible 69
terribly 93
terrific 71
terrify 73
terrorism 79
terrorist 81
terrorize 89

Índice Remissivo

testify 73
thankful 65
therapeutic 71 129
therapist 36 81 129
therapy 129
thicken 55
think 117 129
thinker 129
thinking 129
thirsty 107
thirtyish 36
thoughtful 65
threaten 55
thrilled 51
tighten 36 55
tigress 63
tiring 75
tolerable 120
tolerance 35 120
tolerant 45 120
tolerate 120
top 129
topless 91 129

touch 117
touching 75
toughen 55
tourism 36 79
tourist 36 81
tradition 83
tragic 71
train 122
trainee 36 53 122
trainer 122
training 122
trajectory 101
tranquilize 89
transatlantic 9
transatlantic 33
transcontinental 9
transfusion 9
transition 83
transitory 101
translate 47
translator 99
transplant 9
transportation 49

trauma 126
traumatic 71 126
traumatize 89 126
traumatized 126
treat 126
treatment 95 126
triangle 33
triangular 9
tricolor 9
tricycle 9
triennial 9
tropical 43
troubled 51
true 126
truly 126
trustee 53
truthful 126
tuberculosis 37
Tunisian 67
turbulence 57
Turkish 77
tutelage 41
typical 36 43

U

ugliness 97
unable 27 122
unacceptable 115 122
unacceptably 117
unafraid 27
unafraid 33
unanswerable 122
unanswered 27 122
unattractive 27 115 122
unauthorized 27
unavoidable 115 122
unaware 9
unbelievable 27 115 120
unbreakable 27 115 122
uncertain 122
unclear 9 27 33 123
uncomfortable 115
uncomfortably 117
unconditional 115
unconsciousness 115

unconventional 115
uncooked 27 33 121
uncooperative 115 123
uncountable 115
uncritical 119
uncut 127
undecided 120
undeniable 115 121
undeniably 121
underage 9 29
underarm 29
undercharge 29
underclothes 29
undercooked 121
underdeveloped 29
underdone 29
underdressed 29
underemployed 29
underestimate 9 29
underfed 29

underfoot 29
underfunded 29
underground 29 128
undergrowth 29
underline 9 29
undermentioned 29
underpaid 29
underpants 29
underpass 29
underprivileged 29
underrate 29
undersea 29
undershirt 29
undersized 29
understaffed 29
understand 117 126
understandable 126
understanding 126
underused 29
undervalued 29

Aumente o seu vocabulário em inglês

157

Índice Remissivo

underwater 7 29
underwear 29
underweight 29
undo 127
undress 27
undressed 27
unemployed 27 123
uneventful 116
unexpected 27 116
unexplained 27 121
unexplored 27 121
unfair 27
unfaithfulness 117
unfashionable 116
unfinished 123
unfit 128
unforgettable 116 123
unfortunately 116
unfriendly 116 121
unglamorous 121
unhappiness 116 124
unhappy 27 33 124
unicellular 33
unicorn 9
unicycle 9
unidentified 27 124
unification 49
uniform 9

unify 73
unilateral 9
unimaginable 116
unimportant 9 27
uninformed 27 120
unintelligible 116
unintentional 27 116
unintentionally 118
unisex 9
unison 9
universal 43
unkind 120
unkindly 120
unkindness 120
unlikely 116 124
unlock 27 124
unlock 27
unlocked 27 124
unmarried 27 121
unnamed 129
unnatural 124
unofficial 27
unpack 27 121
unpaid 27
unpleasant 27 116 125
unpredictable 27 116 121
unproductive 121
unprofessional 27

unpublished 116
unquestionable 116 122
unquestionably 118
unquiet 122
unreal 120
unrealistic 116
unreasonable 125
unreliable 27
unsaid 7 9 27 129
unselfish 117
unsolved 9
unsuitable 126
unthinkable 117
untouchable 117
untrained 122
untrue 126
unusually 117
unwanted 117
unwise 27 129
unwrap 27
urgency 36 109
usage 41
use 122
used 122
useful 36 65 122
useless 33 91 122
usual 117
usually 36 93

vacancy 36 126
vacant 126
vacate 126
vacation 126
vaccinee 53
valid 122
validate 122
validation 122
validity 122
vandal 129
vandalism 79 129
vandalize 129
vanity 85
vegetable 126
vegetarian 126

vegetation 126
vegetative 126
ventilator 37 99
verbalize 89
verify 36 73
vertical 130
vertically 130
vibrant 45 126
vibrate 126
vibration 126
vibrator 126
Victorian 67
vigorous 103
violate 47
violation 35 49

violence 57
virginity 85
visible 69
vision 126
visitor 99
visual 43l 126
visualize 89 126
voltage 41
voyeurism 79
vulgar 129
vulgarity 129
vulgarize 129

158   Ricardo Bruschini

Índice Remissivo

W

waiter 59
waitress 63
want 117
warning 75
wash 126
washable 39 126
washer 126
washing 126
wastage 41
water 7
wave 130
wavy 107 130
weaken 55
weakness 97
weekly 93
weight 126
weightless 126
weighty 126
well-adjusted 9 31
well-balanced 31
well-behaved 31 119
well-being 31
well-born 31

well-brought-up 31
well-built 31
well-chosen 9 31
well-connected 31
well-done 31
well-dressed 31
well-earned 31
well-endowed 31
well-fed 31
well-guarded 31
well-informed 31
well-intentioned 31
well-kept 31
well-known 9 31
well-liked 31
well-mannered 31
well-meant 31
well-oiled 31
well-paid 7 31
well-preserved 31
well-qualified 31
well-read 31
well-spoken 31

well-versed 31
well-worn 31
white 129
whiten 55 129
whitish 77 129
widen 55
windy 37 107
winner 59
wise 129
wisely 129
wonderful 65
wood 130
wooden 55 130
woolen 55
worried 51
worsen 55
wreck 126
wreckage 41 126
wrecked 126
wrecker 126
write 129
writer 59 129
writing 129

X

xenophobia 130

xenophobic 130

Y

yellow 129

yellowish 129

yellowness 129

Z

zipper 59

Aumente o seu vocabulário em inglês

Este livro foi composto nas fontes Myriad Pro e impresso em julho de 2012
pela Yangraf Gráfica e Editora Ltda., sobre papel offset 90g/m².